Linda Togni

Libera il tuo potenziale

*Scopri le cause del tuo malessere,
connettiti al tuo femminile
e recupera la tua essenza più autentica
per vivere in equilibrio*

LIBERA IL TUO POTENZIALE
Scopri le cause del tuo malessere, connettiti al tuo femminile e recupera la tua essenza più autentica per vivere in equilibrio

© 2023 Linda Togni

Di Linda Togni
Bookstrategy & Editing: Giulia Fumagalli
Grafica di copertina: Martina Chiggio (IG: @papima_chiggio)

Tutto il materiale contenuto in questo libro è coperto da copyright. Sono vietati: copia, riproduzione, trasferimento, noleggio, distribuzione, trasmissione in pubblico e utilizzo al di fuori di quanto previsto dalla legge applicabile. Qualsiasi utilizzo non espressamente autorizzato dall'autore costituisce violazione dei diritti dell'editore e dell'autore ed è sanzionabile sia in campo civile che penale ai sensi della legge 633/1941 e successive modifiche.

A tutte le anime in cammino,
affinché possiate brillare e fiorire
in piena autenticità e libertà

Prefazione

Era gennaio 2020.

Qualche giorno dopo saremmo stati travolti da eventi più grandi di noi.

Su Instagram scoprii la pagina della naturopata Linda Togni, gli occhi verde acqua che ti incantano e una voce che ti invita a prenderti cura di te.

Sono più di tre anni che seguo Linda in tutte le sue evoluzioni per cercare di rendere migliore la resilienza di noi donne, in questo frenetico mondo odierno. Abbiamo collaborato nella cura e nella terapia integrata, tra medicina tradizionale e naturopatia, per sostenere le donne nelle diverse fasi della loro vita, dal preconcepimento al concepimento (anche e soprattutto quando difficile), dalla perimenopausa alla menopausa.

Che dire di Linda? Una naturopata esperta, con una sensibilità e una capacità di trasmettere la cura che ricordano quelle di alcuni antichi sciamani.

Parlare con lei significa scoprire le potenzialità che il nostro grembo ci offre, semplicemente staccandoci dalla quotidianità per qualche minuto e ascoltandoci, guidate come solo lei sa fare.

In questo libro Linda ci guida delicatamente dal nostro punto di partenza, facendoci scoprire quale è, aiutandoci ad avere consapevolezza sulle cause del nostro disequilibrio, illustrando le polarità presenti in ogni essere umano: lo yang e lo yin.

Dalle basi si evolve tutto il potenziale di ogni donna, con le differenze durante le varie fasi del nostro ciclo mestruale e le possibili soluzioni, laddove è evidente o percepito uno squilibrio energetico che si manifesta sintomatico.

Il nostro corpo, come afferma Linda, parla se lo ascoltiamo, e lei ci conduce per mano in questo viaggio nell'ascolto di noi stesse, aiutandoci a connetterci alla nostra essenza autentica.

Come farà lo scoprirete leggendo questo libro: dalle basi della fisiologia passeremo al test di autovalutazione fino alle risoluzioni consigliate, ma soprattutto certe di una consepevolezza che prima non possedavamo.

Un libro utile a tutte noi per rinascere e fiorire nelle nostre potenzialità estreme di donne.

Valeria Valentino

Medico chirurgo e Ginecologa, Specialista della fertilità

Con estrema gratitudine, sei qui

Cara Anima,

desidero ringraziarti di cuore per essere qui, mostrando fiducia in me e disponibilità ad accogliere la mia guida e le mie parole nel percorso verso il tuo completo benessere.

Prima di tutto, tuttavia, vorrei che rivolgessi il *grazie* più grande a te stessa, per esserti concessa l'opportunità di investire in te stessa, nella serenità e nell'equilibrio che meriti e che dovrebbero riempire ogni tua giornata.

Se sei qui, è perché ad oggi senti di non esprimere pienamente il tuo potenziale.

Ti senti come bloccata: provi una sensazione generale di malessere, che a volte si presenta come un'improvvisa e incomprensibile stanchezza, altre ancora invade una parte del tuo corpo sotto forma di tensione o dolore.

Forse provi ansia, o ti senti vittima di sbalzi di umore che ultimamente si sono resi sempre più frequenti (e davvero pesanti da gestire).

O ancora, forse il tuo sonno è difficile, leggero e tormentato.

E cosa dire delle tue emozioni?

A volte subentrano in modo così intenso nelle tue giornate da prendere il sopravvento. Vorresti accoglierle, attraversarle, oppure semplicemente imparare a riconoscerle, prendere ciò che hanno da comunicarti e poi lasciarle andare, eppure non sai come riuscire a comprendere le risorse che ti offrono.

Provi enorme fatica a sentirti connessa a te stessa, alla tua essenza, all'energia femminile che risiede dentro di te e che vorresti profondamente risvegliare; vorresti ritrovare l'entusiasmo, riuscendo di nuovo a gioire della vita e aprirti all'altro con fiducia.

In mezzo a tutto questo vortice che a volte sembra risucchiarti, senti mancare lo spazio giusto per rallentare, decomprimere, accogliere ciò che tutti questi segnali desiderano comunicarti e tornare a vivere in modo sereno e intenzionale, sprigionando finalmente il tuo potenziale, allentando le tensioni che ti stanno comprimendo e liberando la tua essenza da tutto ciò che in questo momento la tiene a freno.

Voglio dirti, cara Anima, di avere fiducia.

Sono qui, ti tengo per mano e ti accompagno in questo percorso di riscoperta di te stessa e di liberazione da ciò che non ti permette di stare bene, in primis, e che di riflesso non ti consente di esprimere la tua energia femminile nel suo pieno potenziale.

Ti invito ad avere fiducia, perché anche io mi sono ritrovata in momenti difficili come quelli che stai attraversando: se la mia essenza è quella che conosci, gioiosa e piena di luce, sono stati molti i periodi in cui quella luminosità si è affievolita, fino ad essere completamente avvolta e oscurata dalle nubi.

Anche io mi sono ritrovata nella gabbia del mio lavoro precedente, nella confusione caotica riguardo alla mia missione e al mio obiettivo di vita, nella tempesta emotiva durante i momenti di dolore della vita. Anche io, come forse tu, mi sono persa all'interno di una relazione tossica, e credevo impossibile ritrovare me stessa, il mio centro.

Conosco ogni sfaccettatura della confusione, del malessere e del disagio che stai percependo nella tua vita, ora. Proprio perché ho vissuto sulla mia pelle quella sensazione, proprio perché ho dovuto attraversare centimetro per centimetro la sofferenza che stai vivendo, ho deciso di scrivere questo libro.

In queste pagine, desidero tenderti una mano e offrirti gli strumenti che mi hanno aiutata a superare quei momenti di difficoltà, a riscoprire me stessa e dare nuova linfa alla mia essenza, accendendo di nuovo la mia luce interiore.

Attraverso strumenti naturopatici, metodologie basate sulle neuroscienze, risorse di riequilibrio somatico e di crescita personale, di scienze spirituali e molto altro, ti guiderò in un viaggio intimo e profondo alla scoperta della tua essenza e del tuo incredibile potenziale, per condurti oltre lo stato di malessere o di inadeguatezza che oggi permea le tue giornate. Il tuo corpo è un microcosmo perfetto: sta solo a te capire i messaggi che esso ti invia, affinché sia nella condizione di massima espressione ed evoluzione.

Ti donerò pratiche, risorse e rituali che ti aiuteranno a sbloccarti in questo momento, ma che resteranno tue per sempre. Potrai utilizzarle quando preferisci all'interno del tuo quotidiano, seguendo i tuoi tempi e il tuo sentire: ti insegnerò a riconoscere con consapevolezza il tuo sentire profondo (sia a livello razionale, che fisico ed emotivo), ad accoglierlo con gentilezza e ad attraversarlo con gli strumenti adeguati, per trasformarlo da sfida, limite e dolore in *opportunità di crescita e di evoluzione*.

Sarà come un processo alchemico: il *piombo*, cioè gli aspetti negativi che ora vedi e percepisci nella tua vita, si trasformerà in *oro*, come la luce che – sono certa – riuscirà finalmente a inondarti e a farti risplendere.

Con questo ebook ti guiderò inizialmente nell'esplorazione del tuo *punto di partenza*, per dare un nome alle sensazioni e ai pensieri che ti bloccano, per comprenderli e accoglierli con gentilezza e senza giudizio.

La consapevolezza delle proprie paure è tanto importante quanto quella dei propri desideri.

Infatti, le paure e le emozioni non elaborate o non accolte boicottano in modo dirompente e inaspettato ogni azione motivante, ogni progetto, senza permetterci di comprendere realmente quale sia la reale causa della resistenza al cambiamento o alla nostra evoluzione; questo ci fa sentire spesso sbagliate, frustrate e incomprese.

Per questo, conoscere le cause del tuo disequilibrio, del tuo malessere o semplicemente di ciò che ti destabilizza e comprendere di quali strumenti hai bisogno per realizzare i tuoi desideri e vivere pienamente nel tuo corpo (in armonia con Madre Terra che ti ospita) rappresenterà una potente risorsa di consapevolezza, imprescindibile per agire intenzionalmente e ristabilire l'equilibrio e la serenità che desideri nella tua vita. Attraverso pratiche, risorse e rituali ti condurrò in un percorso esperienziale che ti guiderà verso una fase di benessere psicofisico ed energetico, per lasciare fluire finalmente la tua energia femminile e il tuo potenziale nel corpo e nello spirito, vivendo in armonia con la tua essenza più autentica.

Vedrai, sarà entusiasmante realizzare che i limiti possono davvero trasformarsi in preziose opportunità per la tua crescita!

Ti prendo per mano. Iniziamo?

Chi sono

*Mi chiamo **Linda Togni** e sono una **Naturopata**, Riflessologa, Moon Mother®, Mentore Women Healing® certificata e viaggiatrice olistica.*

Mi sono diplomata in Naturopatia all'Istituto di Medicina Naturale di Urbino: mi occupo di medicina naturale, di riflessologia plantare integrata, di somatizzazioni, di libertà emozionale e di aromaterapia, con l'obiettivo di risolvere problematiche invalidanti della quotidianità dei miei clienti (come ansia, scarsa qualità del sonno, poca energia, mancanza di radicamento, eccetera), ristabilendo finalmente l'equilibrio psicofisico e promuovendo il benessere della persona, affinché torni a godere della vita con entusiasmo.

*Come **Naturopata**, **Moon Mother®** e **Mentore** certificata, mi occupo da anni di benessere psicofisico ed energetico, di riequilibrio del femminile, di prevenzione e di ciclicità, sostenendo le donne che* *decidono di affidarsi ai miei percorsi (costruiti su misura per le loro specifiche esigenze) a vivere la propria vita, in autentica connessione e in piena salute, attraverso strumenti e pratiche olistiche.*

La mia formazione è costante e in continua evoluzione: da professionista olistica, i miei studi si focalizzano sulle più aggiornate **metodologie scientifiche***, mantenendo allo stesso tempo grande attenzione alle antiche discipline che indagano e studiano la* **psiche***, lo* **spirito** *e l'***equilibrio energetico***. Integro e applico sinergicamente questi strumenti al servizio degli obiettivi di benessere di coloro che decidono di rivolgersi a me.*

Collaboro da anni con medici, insegnanti, professioniste del settore e strutture dedicate alla salute e al benessere, con i quali organizzo **seminari, eventi, retreat e viaggi esperienziali** *per il mondo.*

Credo fortemente che ogni essere umano abbia un valore inestimabile a prescindere dai suoi risultati*, e che meriti un'esistenza autentica e libera, nella piena espressione della sua essenza. Per questa ragione sostengo ogni giorno i miei clienti con percorsi personalizzati che consentono di costruire una vita in armonia con la loro essenza e di scegliere consapevolmente, secondo la saggezza delle loro intuizioni. Questo stato di armonia psicofisica ed energetica viene raggiunto attraverso una proposta di esperienze interiori e fisiche, gentili quanto efficaci, che portano finalmente equilibrio nel corpo fisico, in quello emotivo e nella mente.*

Negli ultimi cinque anni ho accompagnato e sostenuto dal vivo e online più di mille anime, aiutandole a realizzare il loro obiettivo di armonia, benessere ed energia.

Ho inoltre dedicato i miei profili social alla promozione dei medesimi valori e obiettivi, nonché di una visione di benessere a 360°, attraverso collaborazioni e contenuti di valore apprezzati dai miei followers.

Prima sezione

Il tuo punto di partenza

Riequilibra le tue energie in modo armonioso

In ogni essere umano, indipendentemente dal suo genere e dal suo orientamento sessuale, convivono forze maschili (*yang*) e forze femminili (*yin*), due polarità naturalmente presenti che in ciascuno devono essere accuratamente bilanciate per evitare blocchi energetici, aspetti disarmonici, malessere e somatizzazioni.

Senza la pretesa di risultare esaustivi, possiamo affermare che

- ❖ la **polarità maschile** rappresenta le qualità di azione, concretezza, forza, razionalità, movimento e pragmaticità, legate all'energia del sole. La modalità di azione *yang* è tipicamente **lineare**;
- ❖ le qualità della **polarità femminile** sono invece l'accoglienza, la ricettività, l'intuitività, la creatività, la spontaneità e il magnetismo; sono legate all'energia della luna, secondo un ritmo di vita e di azione che si esprime nel suo massimo potenziale attraverso una modalità **ciclica**.

Come in una danza, queste due polarità energetiche dovrebbero fluire in ciascuno di noi in modo armonioso e integrato, permettendoci di sviluppare e accogliere tanto la nostra parte più ricettiva e accogliente, disposta all'ascolto e all'empatia, quanto quella più pragmatica, presente, orientata all'azione e al *fare*.

Tuttavia, la società odierna è decisamente protesa e sbilanciata sulla componente *yang* dell'energia: agli individui è costantemente richiesta produttività, performance costante, il raggiungimento senza esitazione degli obiettivi. Siamo immersi nella cultura del *fare* ad ogni costo, secondo un ritmo serrato e artificialmente efficiente, che auspicabilmente non preveda pause né modulazioni della propria velocità o del proprio sentire.

Questa cultura, sicuramente influenzata dai ritmi industriali, ha allontanato uomini e donne dalla polarità *yin* dell'energia e dall'autentica natura energetica femminile. L'essere umano contemporaneo non è stato educato né abituato a riconoscere e sviluppare uno spazio di ascolto interiore e di accoglienza dei propri bisogni e delle proprie emozioni, ma a protendersi in ogni momento e ad ogni costo verso l'azione.

E se questo è deleterio per chiunque, gli effetti di questo vero e proprio stile di vita contemporaneo risultano decisamente significativi soprattutto per il genere femminile, ciclico per sua natura: pensa per esempio alle variazioni ormonali alle quali andiamo incontro nel corso della nostra vita e ogni mese, durante il nostro ciclo mestruale, alla nostra meravigliosa connessione al ciclo lunare e a quello stagionale, alle naturali differenze fisiologiche che ci differenziano dal mondo maschile.

Il contesto sbilanciato verso l'energia *yang* nel quale siamo tutti immersi non è però una condanna. Dentro di noi risiede un grande potere: la possibilità di sviluppare la nostra **consapevolezza** e di divenire coscienti delle energie che convivono dentro di noi, per equilibrarle affinché si esprimano in armonia e ci consentano di vivere secondo il nostro ritmo più autentico, in uno scambio libero e naturale tra *dare* e *ricevere*.

Attraverso il **"lavoro" propedeutico su di sé** è possibile portare in equilibrio l'energia *yang* e quella *yin*, come in una danza armoniosa e sinergica, ottenendo benefici che si manifesteranno non solo a livello mentale, ma anche emotivo, spirituale ed energetico. Focalizzandosi sugli aspetti che la società e il modello educativo attuali troppo spesso trascurano (ricettività, connessione alla propria interiorità e alle proprie emozioni, accoglienza e accettazione di sé, creatività ed espressione del proprio potenziale, eccetera) sarà possibile entrare in contatto e riconquistare l'energia latente e fondamentale per la piena espressione del nostro potenziale femminile, offrendole finalmente l'attenzione e il nutrimento che merita.

Il nostro lavoro interiore – fatto di acquisizione di nuove consapevolezze, rituali, pratiche, risorse e strumenti di sostegno – ci consentirà di costruire un nuovo e armonioso equilibrio tra il *dare* (yang) e il *ricevere* (yin), che si rifletterà anche nel nostro modo di vivere non solo il nostro rapporto con noi stessi, ma anche ogni tipo di relazione e la nostra professione.

La tua ciclicità femminile: il tuo potere

Ogni donna è ciclica, per tutta la durata della sua vita: che il ciclo sia presente o meno e anche durante il periodo della menopausa (che sia naturale o forzata), le donne possiedono l'enorme dono di essere in continua evoluzione e trasformazione come le stagioni e le fasi lunari, in piena risonanza con le loro quattro fasi di cambiamento.

Riconoscere questa peculiarità è importante per conoscersi davvero e saper fluire all'interno di ogni tappa del nostro ciclo: attraverso ogni fase, la vita fluisce in noi e attraverso di noi.

A livello fisiologico, il ciclo mestruale femminile si compone di **quattro fasi**:

- ❖ pre-ovulatoria
- ❖ ovulatoria
- ❖ premestruale
- ❖ mestruale.

Cosa accade in questo processo della durata di circa un mese?

All'interno di ciascuna ovaia ci sono gruppi di cellule, chiamati follicoli, che contengono ovuli immaturi. Durante la fase pre-ovulatoria il follicolo matura producendo un ormone chiamato estrogeno, che stimola i tessuti del seno e dell'utero. Intorno al quattordicesimo giorno del ciclo l'ormone luteinizzante prodotto dall'ipofisi aumenta bruscamente, determinando l'apertura di un follicolo e la liberazione dell'ovocita maturo (ovulazione). In seguito all'ovulazione ciò che resta del follicolo si trasforma nel *corpo luteo*, in grado di produrre estrogeni e progesterone; questo ormone stimola l'endometrio ad aumentare il suo spessore, per accogliere l'impianto dell'embrione nel caso di un'eventuale gravidanza. Se non avviene il concepimento, il corpo luteo si disgrega e cessa di produrre ormoni, causando un repentino abbassamento dei livelli di progesterone ed estrogeni: questo cambiamento comporterà lo sfaldamento della parete uterina, avviando la fase mestruale.

Riconoscere le nostre fasi del ciclo mestruale, i vari archetipi ad esse corrispondenti e le energie associate ad ogni fase può aiutarci a vivere al meglio il nostro quotidiano, influenzando il nostro umore, le energie mentali e fisiche, il modo di vivere la sessualità e la relativa energia, le emozioni.

Se siamo consapevoli del funzionamento del nostro corpo, della fase ciclica che stiamo vivendo e di come essa influenza la nostra vita, sarà più intuitivo conoscere il modo migliore per prenderci cura di noi, soddisfacendo le nostre reali esigenze senza sensi di colpa, bensì con il piacere di fare il necessario per stare bene, finalmente in armonia con noi stesse.

Nelle prossime pagine conosceremo le quattro fasi del ciclo mestruale, ne esamineremo le energie e comprenderemo i bisogni che si sviluppano durante ciascuna di esse.

Fase pre-ovulatoria

Dal settimo al tredicesimo giorno (circa) del ciclo mestruale

Archetipo: fanciulla
Fase lunare: luna crescente
Stagione: primavera
Energia: dinamica, leggera, legata ai nuovi inizi (fase di cambiamento)

In questa fase la donna vive energie dinamiche e giocose, è piena di voglia di fare e attenta alla propria organizzazione: è l'energia collegata alla primavera, che porta con sé rinascita e nuova luce. Il senso di sicurezza e confidence è potenziato, subentra la voglia di leggerezza e gioiosità. È un momento di grande libertà: affiorano qualità come la determinazione e la capacità di concentrarsi su se stessa e sul proprio successo. Questa energia rende la fase pre-ovulatoria un ottimo periodo per inaugurare nuovi progetti, sperimentare nuove risorse e rituali e rinnovare anche la propria alimentazione. La sessualità si manifesta con freschezza e desiderio di novità.

Se la fase è vissuta in disarmonia, potrebbero predominare pensieri di scarsità, sensazioni di insicurezza, bisogno di controllo e rigidità di pensiero. Potrebbe emergere la difficoltà di incanalare l'energia dominante, in assenza di una visione e di una direzione chiara; conseguentemente, la realizzazione dei progetti potrebbe risultare compromessa e la donna in aspetto disarmonico potrebbe ritrovarsi a svolgere troppi compiti contemporaneamente, senza trovare uno scopo. Inoltre, potrebbe verificarsi la difficoltà a iniziare e mantenere relazioni sentimentali.

Se in equilibrio, l'energia che si manifesta è fortemente dinamica. Emergono sentimenti di speranza, di entusiasmo, di gioia, purezza e allegria; è forte la fiducia in sé e negli altri e fioriscono continuamente idee, progetti, sogni e obiettivi da realizzare.

Attività da favorire durante la fase pre-ovulatoria, per accogliere le sue energie e i suoi doni

- annotare le proprie emozioni quotidianamente, prendendo confidenza con esse
- stabilire piccoli obiettivi quotidiani e pianificare, ma senza ansia da prestazione
- agire e successivamente depennare ogni obiettivo dalla lista
- attingere alla propria bambina interiore svolgendo attività divertenti e creative, o che semplicemente possano donarti leggerezza
- cogliere le opportunità, cercando di aprirsi al nuovo senza pregiudizi
- uscire dalla zona di comfort, provando a intravedere le infinite possibilità che potrebbero giungere
- giocare con la propria sensualità
- dedicare tempo all'attività fisica e all'aria aperta, per lasciare andare le tensioni e ossigenarsi.

Alimentazione consigliata durante la fase pre-ovulatoria

Mano a mano che gli estrogeni aumentano, essi generano maggiore flessibilità e idratazione e abbiamo più produzione di serotonina e dopamina; di conseguenza, la fame nervosa tenderà a diminuire.

Preferire cibi freschi e leggeri:
- salmone fresco, uova, carne bianca, pesce azzurro
- noci brasiliane
- grassi buoni come l'avocado, che promuove la produzione di muco cervicale
- cereali in chicco, come orzo e avena.

Fase ovulatoria

Dal quattordicesimo al ventesimo giorno (circa) del ciclo mestruale

Archetipo: madre
Fase lunare: luna piena
Stagione: estate
Energia: accogliente, empatica, magnetica e di sostegno per gli altri

Come la luna piena, in questa fase irradiamo le nostre energie a chi ci circonda mostrandoci luminose e accoglienti. La percezione del legame con la natura è più forte e possiamo sentire il bisogno di immergerci in essa. Siamo inclini all'accettazione di ciò che c'è e la comunicazione ne beneficia, risultando distesa e serena. Le energie sono rivolte soprattutto all'esterno, nella predisposizione ad aiutare e sostenere gli altri con empatia e comprensione.

In questa fase, il rischio è che l'archetipo della Madre si dedichi troppo agli altri per evitare di confrontarsi con le sue paure; in questo modo, è facile dimenticarsi di sé e arrivare stremate alle prossime fasi, ignorando la reale disponibilità delle proprie energie.

Se la fase è vissuta in disarmonia, emergerà un senso di solitudine e insicurezza, insieme alla sensazione di non essere abbastanza o di non avere abbastanza e alla paura di fallire o di non essere all'altezza.

Se in equilibrio, invece, l'energia manifestata sarà radiosa e magnetica. Emergeranno qualità come la generosità, la sicurezza, l'empatia, la cura per gli altri e la gentilezza. In questa fase, che permette al cambiamento di germogliare e portare frutti, la donna sviluppa la virtù della resilienza e della raccolta di quanto ha seminato nella fase precedente.

Attività da favorire durante la fase ovulatoria, per accogliere le sue energie e i suoi doni

- donare aiuto e sostegno solo se necessario, seguendo realmente il proprio sentire
- non isolarsi, ma socializzare, partecipare a gruppi per incontrare altre persone o sorelle e per sentirsi parte di una comunità con cui condividere la stessa energia
- praticare la gratitudine
- sviluppare la propria creatività (disegnare, ballare, stare a contatto con la natura, eccetera).

Alimentazione consigliata durante la fase ovulatoria

In questa fase è importante idratarsi e adottare un'alimentazione che aiuti il più possibile la **peristalsi intestinale**, in modo da liberare e disintossicare l'intestino, favorendo l'eliminazione degli estrogeni. In questa fase, è normale sentirsi più gonfie e percepire un maggiore ristagno dei liquidi.

Tra gli alimenti da preferire vi sono:

- cereali integrali
- verdure a foglia verde, spinaci, radicchio, broccoli, finocchi, asparagi, carciofi
- semi di sesamo e di girasole
- frutti rossi (lamponi, ribes)
- agrumi (pompelmo, mandarini)
- mandorle

È inoltre consigliato bere acqua, ridurre alcool e zuccheri e camminare per agevolare la circolazione.

Fase premestruale
Dal ventunesimo giorno all'inizio della mestruazione

Archetipo: incantatrice
Fase lunare: luna calante
Stagione: autunno
Energia: dinamica, ma introspettiva (fase di cambiamento interiore)

In questa fase la donna manifesta la sua essenza più selvatica; il potenziale energetico è creativo e intuitivo, ma allo stesso tempo distruttivo, se non adeguatamente canalizzato. È il momento ideale per rivedere i propri progetti e il proprio modo di agire, progettando eventuali cambi di programma più in linea con il nostro sentire e i nostri reali valori. Si tratta forse della fase meno facile; allo stesso tempo, tuttavia, essa offre doni preziosi: la possibilità di accogliere la nostra emotività, i segnali del nostro corpo, i nostri bisogni più intimi e profondi.

L'archetipo corrispondente (l'Incantatrice) manifesta l'esigenza di avere il controllo di sé e di ciò che ha attorno per sentirsi più protetta. In questa fase potrebbe risultare evidente la necessità di ordine e di pulizia intorno a sé, mentre interiormente è frequente il bisogno di comprendere e razionalizzare. Le energie e i doni dell'Incantatrice sono l'identificazione dei problemi, la loro risoluzione, la creatività e l'intuizione, da utilizzare a proprio vantaggio.

Se la fase è vissuta in disarmonia, possono emergere blocchi e credenze limitanti, sensazione di insicurezza, paura dell'abbandono, giudizio verso se stessa e gli altri, frustrazione, rabbia, irrequietezza, scarsa cura di sé. La donna in aspetto disarmonico potrebbe fare più fatica a sentirsi, lasciandosi influenzare dai giudizi e dalle aspettative esterne e abbandonando la propria natura. Può presentarsi, come conseguenza, la tendenza alla fame nervosa.

Se in equilibrio, l'archetipo corrispondente permette di armonizzare il proprio mondo interiore, connettendosi alla propria spiritualità e sviluppando creatività, visione e intuizione (di tale equilibrio beneficerà anche il rapporto con il maschile).

Attività consigliate da favorire durante la fase premestruale, per accogliere le sue energie e i suoi doni

- dedicare del tempo a se stesse per praticare tecniche di rilassamento, massaggi, riflessologia, aromaterapia
- non giudicare i pensieri limitanti che arrivano, ma accoglierli come messaggi utili
- compiere azioni amorevoli e di cura verso se stesse
- accogliere l'impossibilità di aggiustare ciò che non funziona, manifestando fiducia in se stesse e nell'universo
- accogliere e abbracciare la propria parte selvaggia e spirituale

- delegare dove necessario
- muovere il corpo danzando liberamente.

Alimentazione consigliata durante la fase premestruale

Per supportare l'organismo della donna durante la fase premestruale è opportuno consumare il giusto apporto di **carboidrati complessi**, ricchi di fibre che permettono un'assimilazione graduale da parte dell'organismo, evitando picchi glicemici che influenzano il tono dell'umore e i relativi sbalzi. Sarà inoltre importante prevenire o contrastare il gonfiore tipico di questa fase con un'**idratazione adeguata** e il consumo di verdure amare (come rucola, scarola e radicchio) e bevande come tisane al finocchio, alla betulla e all'equiseto.

Fase mestruale

Dall'inizio del sanguinamento fino al suo termine

Archetipo: strega
Fase lunare: luna nuova (nera)
Stagione: inverno
Energia: purificazione e rinnovamento (nuovi intenti da seminare)

In questa fase la donna raccoglie dentro di sé la parte di energia oscura e di luce interiore. In questi giorni si *tagliano i rami secchi* per seminare nuove idee e intenzioni nel grembo, lasciando andare il vecchio per sviluppare e percorrere nuove vie.

Se in equilibrio, l'archetipo corrispondente offre un momento di pace, consentendoci di essere finalmente al riparo dalla vita frenetica. Possiamo prenderci il tempo di rallentare, riposare, lasciare andare ciò che è necessario e sognare ad occhi aperti: solo così potremo riemergere dall'*inverno*, con il rinnovamento legato alla fase pre-ovulatoria (successiva alla mestruazione) e affrontare al meglio la nostra *primavera*, ricche di nuove energie.

Se la fase è vissuta in disarmonia, emergeranno irritabilità (soprattutto in assenza di tempo per riposare), mancanza di connessione tra corpo, mente e spirito, incertezza, assenza di centratura, ansia dovuta al desiderio di agire con le medesime energie delle fasi precedenti. La donna che ignora i bisogni di questa fase può adottare un atteggiamento chiuso e distaccato; oppure, ricercherà l'assunzione di bevande nervine per sentirsi energica come nelle altre fasi. La resistenza al cambiamento e la mancata connessione col proprio corpo e grembo possono presentarsi attraverso forti dolori mestruali.

Se portiamo l'attenzione su questa fase, accogliendone le energie con gentilezza, acquisiremo centratura, saggezza, tranquillità, accettazione di sé e degli altri, amorevolezza. Asseconderemo il bisogno di maggior riposo e rilassamento, raggiungeremo il contatto con le nostre intenzioni e saremo in grado di sviluppare un'attitudine paziente e di cura verso noi stesse.

Attività da favorire durante la fase mestruale, per accogliere le sue energie e i suoi doni

- riposare maggiormente
- non accumulare troppi impegni
- ascoltare il proprio corpo
- ascoltare le proprie emozioni
- accettare il sangue mestruale come un dono di rinnovamento
- riflettere su ciò che è davvero importante per sé
- delegare agli altri, per concentrarti di più su di sé
- osservarsi con gentilezza e in assenza di giudizio
- meditare e ritirarsi nella propria interiorità
- stare lontane da energie negative o situazioni comprimenti
- connettersi al momento presente

È il momento più adatto per scendere dentro di sé e comprendere autenticamente cosa proviamo e desideriamo nella nostra vita, accogliendo le nostre risposte interiori e i nostri bisogni.

Alimentazione consigliata durante la fase mestruale

In questa fase è bene **evitare gli alimenti che possono accentuare i tipici dolori mestruali**, come crampi ed emicranie. In particolare, sono sconsigliati alimenti e bevande come tè, caffè, cioccolato e alcool. Soprattutto nel caso di flussi abbondanti, sarà invece importante assumere il **corretto apporto di ferro** consumando alimenti che ne sono ricchi, come legumi e verdure a foglia verde.

Il tuo corpo ti parla, se solo lo ascolti

Nelle pagine precedenti ti ho mostrato due tra i principali fattori del tuo equilibrio e benessere olistico: l'energia (che in ciascun individuo deve integrare e lasciare fluire armonicamente sia la polarità maschile *yang* che quella femminile *yin*, indipendentemente dal sesso) e la tua ciclicità femminile.

Tuttavia, come immagini, esistono una serie di altri fattori che condizionano il tuo benessere e che spesso lo trasformano nel suo opposto, una situazione di malessere generalizzato che si riflette in ogni sfera del tuo quotidiano: il tuo corpo, le tue emozioni, i tuoi pensieri e la tua essenza più profonda, che spesso rimane ostruita da questo ristagno energetico, emotivo e mentale, e non ha modo di esprimersi, privandoti dell'espressione piena e autentica del tuo vero potenziale.

Nelle prossime pagine ti parlerò di questi fattori determinanti, per permetterti di riflettere in piena consapevolezza e comprendere se ciascuno di essi nella tua vita è in equilibrio oppure se è presente in modo eccessivo o disarmonico.

Ricorda: per poter agire in modo efficace su questi aspetti, è fondamentale che questo esercizio di auto-osservazione si svolga in completa assenza di giudizio, con un approccio gentile e accogliente verso ciò che ora è presente e caratterizza la tua vita. Prendi nota di ciò che ritieni importante per ognuno dei prossimi aspetti; se dovessero comparire emozioni e pensieri a riguardo, ascoltali profondamente e cerca di accogliere il bisogno che nascondono: saranno come *bussole* che ti aiuteranno a ritrovare la direzione giusta verso l'equilibrio che meriti e che è possibile portare nella tua vita.

> Esiste un curioso paradosso:
> quando mi accetto così come sono,
> allora posso cambiare.
>
> *Carl Rogers*

Connessione alla tua essenza autentica

Ti senti al centro della tua vita, sicura e piena di fiducia?

Sei consapevole dei tuoi talenti e delle tue attitudini, muovendoti nel mondo con il desiderio di svilupparli per portare valore agli altri mentre esprimi pienamente te stessa?

Il tuo valore è chiaro dentro di te, nel tuo cuore e nella tua mente?

Sei intimamente convinta di quanto sei preziosa, o ti ripeti di esserlo per compensare un'insicurezza che ti accompagna da quando eri piccola e non ti sentivi vista e accolta per ciò che eri (e che sei)?

Queste domande possono esserti di aiuto per comprendere quanto sei davvero connessa con te stessa e con i tuoi bisogni più intimi, con le tue aspirazioni più autentiche.

Spesso le donne che si rivolgono a me hanno una percezione di sé fortemente influenzata dai feedback esterni, un pattern che le accompagna da tutta la vita: da sempre l'altro è la cartina di tornasole per comprendere se siamo abbastanza brave, buone, belle, se valiamo qualcosa, se siamo meritevoli di amore e di una vita che ci appaghi pienamente. Così, il giudizio degli altri (spesso, dei genitori) su di noi, la loro assenza, il loro abbandono condizionano il nostro modo di vedere noi stesse, la nostra auto-percezione e valutazione, nonché il nostro dialogo interiore.

Per esempio, se siamo cresciute in una famiglia che non ha validato il nostro sentire e i nostri bisogni, o non ci ha insegnato l'intelligenza emotiva (per esempio, non favorendo la libera espressione di tutte le emozioni, anche di quelle cosiddette *negative*), probabilmente anche da adulte ci verrà automatico reprimere la tristezza, la paura o la rabbia; in particolare, quest'ultima è spesso considerata un'emozione massimamente negativa rispetto alle altre, che non può essere esternata.

Oppure, se non ci siamo sentite sufficientemente viste dai nostri caregiver e siamo state abituate ad eccellere per conquistare la loro attenzione e il loro amore, è probabile che avremo interiorizzato come *normale* la ricerca di quello sguardo assente o poco attento, che cercheremo in tutti i modi di catturare per dimostrare che siamo meritevoli di amore.

Se queste parole ti evocano immagini o percezioni che conosci bene, voglio rassicurarti: è molto più frequente di quanto tu creda. Non sei sola in questo percorso, e puoi riappropriarti del tuo valore scindendolo dal giudizio che gli altri hanno di te.

Inizia ad osservare il tuo **dialogo interiore**, ovvero le parole e i pensieri che rivolgi a te stessa. Sei la prima amica di te stessa, o le affermazioni che rilevi sono giudizi efferati e dichiarazioni di fallimento e incapacità? Per conquistare l'intima convinzione del tuo valore, il primo esercizio da fare sarà rivolgerti a te stessa con amorevolezza e gentilezza, in assenza di giudizio. Solo in quello spazio di accoglienza incondizionata della tua vera essenza potrai comprendere realmente i tuoi bisogni, scoprire le differenze tra il tuo essere autentico e le **aspettative degli altri**, fare esperienza delle tue reali passioni e magari stupirti di fronte a nuove inclinazioni e attitudini che emergono, se solo gliene offri la possibilità.

Un altro aspetto che si rivelerà importante osservare sarà il tuo rapporto con il **controllo**. Spesso viviamo in uno stato di ansia, senso di colpa e di impotenza perché proviamo a controllare aspetti che in realtà sono indipendenti da noi. Pensa, per esempio:

- ❖ al sorgere delle tue emozioni
- ❖ alle azioni, alle reazioni e ai giudizi degli altri
- ❖ al tuo passato, agli schemi e pattern che hai ereditato o con i quali sei cresciuta
- ❖ alle scelte degli altri in merito alla loro vita (e, a volte, anche in merito a noi)
- ❖ all'umore con cui ti svegli.

È importante prendere consapevolezza che il verificarsi di questi fattori non dipende da noi: non è sotto il nostro controllo. Per questa ragione possiamo finalmente liberarci di tutte quelle sensazioni opprimenti che si generano quando pensiamo di poter controllare in qualche modo il manifestarsi di queste situazioni, comprendendo che in questo caso ciò che è davvero in nostro potere e sotto il nostro controllo è la *gestione* di queste situazioni. Per esempio, non hai controllo sul sorgere dell'ansia, della tristezza, della rabbia, della paura, della gioia; tuttavia, è nel tuo pieno potere scegliere come reagire ad esse, anche se inizialmente può non essere facile. O ancora, il giudizio sprezzante che la tua collega ti rivolge non è sotto il tuo controllo; ma puoi portare consapevolezza sulla tua reazione ad esso, della quale hai piena responsabilità.

E ricorda: se diverse situazioni si manifestano indipendentemente dalla tua volontà, ce ne sono molte altre sulle quali hai pieno controllo. Per esempio:

- ❖ le tue scelte
- ❖ le tue azioni
- ❖ le tue reazioni
- ❖ l'espressione delle tue priorità
- ❖ l'espressione dei tuoi bisogni
- ❖ l'espressione e il rispetto dei tuoi confini
- ❖ la gestione delle tue emozioni
- ❖ la gestione del tuo tempo, della tua energia e dei tuoi soldi
- ❖ coltivare ciò che ti piace ed è piena espressione della tua essenza.
- ❖ stare in fiducia.

Avevi mai pensato a tutti gli ambiti della tua vita che puoi controllare? Prova a visualizzarti nella piena consapevolezza dei punti che ho elencato. Come ti senti ora?

Come avrai intuito, numerosi aspetti concorrono al rafforzamento della connessione con la tua essenza autentica, e non ho la pretesa di essere esaustiva in queste poche pagine che ho pensato come facilmente fruibili, come uno stimolo ad approfondire ciò che ancora ostacola il raggiungimento del tuo benessere.

Tuttavia, c'è un altro argomento di cui vorrei parlarti, che possiamo classificare come una delle cause del malessere femminile: si tratta delle **memorie del dolore**, ovvero l'annidamento – nel corpo e all'interno dei nostri schemi mentali – di vissuti dolorosi non ancora elaborati completamente, che inconsciamente continuano ad influenzare la tua vita, le tue azioni e le tue scelte. Come agire, dunque? Anche in questo caso, il primo passo verso una maggiore serenità sarà prendere consapevolezza di ciò che ancora agisce in te dopo molto tempo: mesi, anni, decenni. Ferite antiche (abbandoni, delusioni cocenti, la sensazione di non essere stata vista o amata, la convinzione acquisita con il tempo che per essere amata bisogna essere in un certo modo o accondiscendere i bisogni dell'altro, eccetera) non ancora rimarginate hanno lasciato un segno profondo, e inconsciamente l'esperienza traumatica che hai vissuto continua ad influenzare la tua quotidianità. Pensa, per esempio, se aver vissuto alcune esperienze ha condizionato la tua assenza di fiducia in te stessa o negli altri, oppure se esistono situazioni che eviti perché, dopo un particolare vissuto, ti sei convinta (per esempio) che non sei abbastanza, che non fa per te, eccetera. Ti risuona?

Lavorando su questi aspetti interiori, potrai espandere la tua consapevolezza e la coscienza di te stessa, delle tue potenzialità e del tuo valore; sarà più semplice *fluire*, in una dimensione di autenticità scaturita dall'accoglienza dei tuoi bisogni e della tua visione, piena espressione della tua essenza. È una sorta di *effetto domino*: quando ti ascolti davvero con gentilezza e in assenza di giudizio, puoi comprenderti realmente; e solo in presenza di questa condizione fondamentale sarà possibile sviluppare radicamento e fiducia in te stessa, trasformando i sogni e gli obiettivi in piani di azione verso il tuo successo personale e la tua autorealizzazione.

Puoi chiederti (con gentilezza):
- Nutro amorevolezza e gentilezza nei miei confronti, accogliendo autenticamente ciò che sono?
- Riesco ad esprimere adeguatamente ciò che sono, che provo e che penso? Quando riesco, e in quali condizioni non ce la faccio?
- Mi sento autentica all'interno delle mie relazioni e dei contesti che frequento?
- Mi sento in balia degli eventi, o provo una sensazione di centratura e radicamento, sentendo di poter tornare sempre a me quando all'esterno il caos imperversa?

- Ho ben chiari i miei obiettivi a lungo e breve termine? Ho una visione nitida dei miei desideri e dei traguardi che desidero raggiungere? Riesco a passare all'azione?
- Sono consapevole dei miei bisogni? Li so rispettare? Con gli altri, li so esprimere e far rispettare?
- Sento che in me persistono memorie dolorose non elaborate?

Stress e angoscia

Secondo l'Istituto Superiore di Sanità, lo **stress** è la risposta psicologica e fisiologica che l'organismo mette in atto nei confronti di compiti, difficoltà o eventi della vita valutati come eccessivi o pericolosi; la sensazione che si prova in una situazione di stress è di essere di fronte ad una forte pressione mentale ed emotiva.

Lo stress subentra in risposta a molteplici fattori, tra i quali l'ISS indica:

❖ **eventi della vita**, sia piacevoli che spiacevoli: il matrimonio, la nascita di un figlio, una promozione lavorativa, la morte di una persona cara, un divorzio o una separazione, la necessità di prendersi cura di una persona malata o affetta da disabilità;

- ❖ **fattori ambientali**: freddo o caldo intensi, ambienti rumorosi o inquinati, catastrofi naturali (terremoti, alluvioni, eccetera);
- ❖ **eventi imprevisti**: l'arrivo di un ospite inaspettato, eccetera;
- ❖ **situazioni lavorative**: eccesso di responsabilità, carico di lavoro eccessivo, scadenze urgenti, richieste continue da parte di un superiore, relazioni conflittuali con colleghi;
- ❖ **situazioni sociali**: conoscenza di nuove persone, tensioni o discussioni con persone care, amici o colleghi;
- ❖ **fattori biologici**: malattia, traumi fisici, disabilità fisica;
- ❖ **paure**: timore di fallire un compito, di parlare in pubblico, di volare, eccetera;
- ❖ **situazioni fuori dal nostro controllo**: per esempio, il risultato di un'analisi clinica;
- ❖ **modo di pensare**: aspettative di vita, opinioni personali, traumi passati o ricordi spiacevoli.

La presenza di questi fattori, soprattutto per un periodo di tempo prolungato, genera una risposta fisica che coinvolge alcune ghiandole fondamentali del nostro sistema endocrino, responsabili della produzione di ormoni. In particolare, vengono attivati l'**ipotalamo**, la **ghiandola pituitaria** e le **surrenali**, che producono **adrenalina** e **cortisolo** (spesso conosciuto come *ormone dello stress*). Questi due ormoni sono responsabili della nostra attivazione in risposta ai fattori scatenanti dello stress e determinano una reazione del tipo *fight or flight* ("combatti o fuggi").

I periodi stressanti fanno parte della vita di ciascun individuo e l'eustress (o *stress positivo*) non è un elemento negativo in modo assoluto: infatti, esso ci offre l'impulso a reagire migliorando la nostra vita e raggiungendo i nostri obiettivi. L'eustress induce il nostro organismo a sviluppare la sua capacità adattativa e a reagire al meglio ad un evento esterno: è importante non colpevolizzarsi perché, come hai avuto modo di vedere nell'elenco stilato dall'ISS, molto spesso i fattori che generano la nostra attivazione sono *fuori dal nostro controllo*.

Allo stesso tempo, è importante scongiurare il rischio che un fisiologico periodo di stress si trasformi invece in **distress**, ovvero **stress cronico** (prolungato nel tempo), che porta in esaurimento il corpo e che ha conseguenze negative a livello fisico, mentale ed energetico. È possibile riconoscere lo stress cronico attraverso la manifestazione di alcuni sintomi:

- problematiche del sonno (sonno agitato o non ristoratore, insonnia costante, risvegli difficoltosi)
- aumento o perdita di peso (significativi)
- sensazione di perenne fatica e stanchezza costante, sia mentale che fisica
- problematiche sessuali e di fertilità (bassa libido, alterazioni del ciclo, amenorrea, dismenorrea, difficoltà nel concepimento)
- senso di isolamento costante
- risvegli ansiosi e irrequietezza
- colon irritabile e gonfiori generalizzati.

Si tratta di sintomi invalidanti, che abbassano la qualità della nostra vita e compromettono il nostro sistema immunitario. È necessario affrontarli, per non correre il rischio di esporci a patologie realmente pericolose (di natura cardiaca, neurologica, eccetera).

Inoltre, vivere continuamente questi disagi fisici e percepire la sensazione costante di pressione sviluppa un opprimente senso di

angoscia e **paura**, che oltre a disarmonizzare ulteriormente i nostri diversi livelli (causando un accumulo e ristagno di energia femminile passiva) e portare al disequilibrio dei nostri centri energetici e della nostra volontà, ci proiettano costantemente nel futuro o causano un rimuginio perenne sul passato, impedendoci la connessione con il presente, *qui ed ora*.

Per questo, quando ti senti sopraffatta da sensazioni stressanti e pensieri carichi di angoscia come quelli descritti, un valido strumento per riportare subito equilibrio è **tornare al respiro e alle sensazioni del corpo**, porta d'ingresso per il presente, l'unico tempo nel quale abbiamo pieno potere. Un valido alleato in questo potrà essere la Meditazione delle 4 Fasi di Consapevolezza, che trovi all'interno della sezione *Kit del Benessere*. Puoi eseguirla tutte le volte che ti senti in ansia, in burn out, sovraccarica di stress e pensieri, angosciata, quando desideri sentirti centrata e ritrovare la calma.

> Puoi chiederti (con gentilezza):
> - Quali dei fattori elencati riscontro in questo momento della mia vita?
> - Quali mie azioni o comportamenti disturbano la mia pace interiore?
> - Sento di vivere in un periodo stressante?
> - Se si, in quale modo posso modulare la mia risposta e attivazione a questo stress?
> - Se sì, da quanto tempo si protrae questo periodo? Si tratta di una settimana o qualche giorno, oppure potrebbe trattarsi di stress cronico che perdura da mesi?

Cenni di consapevolezza alimentare

Nutrirsi è una delle azioni fondamentali che compiamo nella nostra quotidianità e alla quale spesso non riserviamo la giusta attenzione. **Il cibo**, infatti, **è energia**: per questo è estremamente importante scegliere accuratamente gli alimenti con i quali comporremo i nostri pasti, perché grazie alle sostanze nutritive in essi contenute e alla loro qualità otterremo energia fisica e mentale, chiarezza mentale, ma non solo. Infatti, un'alimentazione varia (che contempli tutti i gruppi alimentari e che ne esplori le numerose possibilità) ci permette di assumere gli elementi che ci occorrono e i componenti che il nostro corpo assemblerà per produrre ulteriori sostanze funzionali e necessarie (per esempio, gli ormoni).

Per questa ragione, assicurarsi di assumere ogni giorno **carboidrati**, **proteine**, **fibre** e **grassi** (variandone la tipologia e sperimentando il più possibile, seguendo il ritmo delle stagioni) è fondamentale per il nostro benessere fisico e psicologico.

A queste nozioni, che costruiscono delle vere e proprie fondamenta per un'alimentazione consapevole, è importante affiancare una corretta conoscenza di due concetti cruciali: la gestione degli **zuccheri** all'interno del nostro corpo e la presenza di **tossine**.

In prima persona ho provato su di me la dipendenza da zuccheri, e conosco bene gli squilibri ormonali ed energetici (e non solo: pensa anche ai cambiamenti nel tono dell'umore!) che può provocare. Questo aspetto non è da sottovalutare, anzi: non ha un'importanza minore rispetto a qualsiasi altra dipendenza, come quella da alcool, fumo o droghe, perché la reazione fisiologica del corpo è la medesima.

Breve viaggio negli zuccheri

I carboidrati (composti di acqua e carbonio) sono la fonte di energia più facilmente e velocemente accessibile da tutti i tessuti corporei. Sono indispensabili sia per sforzi di tipo muscolare che mentale, ma non solo: infatti, i carboidrati concorrono allo sviluppo della flora batterica intestinale e alla sintesi di alcune sostanze biologiche, come il DNA.

Quando il nostro corpo ha bisogno di energia, può utilizzare immediatamente i carboidrati (sotto forma di glucosio, liberato immediatamente); altrimenti, li immagazzinerà nelle riserve epatiche e muscolari sotto forma di *glicogeno*. Nel caso in cui l'individuo raggiunga il limite massimo di accumulo di glicogeno nel corpo, quello in eccesso verrà convertito in grasso, formando il tessuto adiposo.

I carboidrati si dividono in *semplici* e *complessi*:
- ❖ i carboidrati *semplici* comprendono gli **zuccheri** presenti in alimenti naturali (zucchero di canna, frutta, verdura, eccetera) e industriali.
- ❖ i carboidrati *complessi* contengono **amido** e si trovano nei cereali, nei loro derivati e nei tuberi (patate, batate, manioca, eccetera).

Gli zuccheri sono di diverso tipo: le loro differenze dipendono dalla loro struttura, che influenza anche il processo digestivo e l'impatto glicemico che hanno sul nostro organismo. Diversamente dai carboidrati complessi, gli zuccheri entrano rapidamente in circolo nel sangue, alzando velocemente la glicemia: questo comporta un picco glicemico (quindi, un innalzamento della glicemia), al termine del quale si verifica un calo repentino (ipoglicemia reattiva).

In sintesi:

- ❖ un **picco iperglicemico** può comportare nebbia mentale, senso di confusione, mancanza di concentrazione, stimolo a bere;
- ❖ un **picco ipoglicemico** può causare ansia, palpitazioni, tremori, astenia profonda, sonnolenza, mal di testa, attacchi di fame nervosa.

Per mantenere un umore stabile e buona capacità di concentrazione, occorre dunque stabilizzare la curva glicemica.

Inoltre, è importante sapere che in assenza di glucosio il glicogeno immagazzinato nelle riserve epatiche viene convertito dal fegato in glucosio e rilasciato nell'organismo. Tuttavia, se il fegato è impegnato nella gestione dei livelli di zuccheri nel nostro corpo, avrà meno energia per smaltire le **tossine** e gli ormoni in eccesso, generando una situazione di squilibrio ormonale che inficerà il tuo livello di benessere in generale (anche con manifestazioni di tipo energetico e fisico).

Tossine: facciamo chiarezza

Le tossine sono sostanze di scarto presenti all'interno del nostro organismo. Possono essere prodotte dall'organismo stesso (*endogene*) o provenire dall'esterno (*esogene*). Nel primo caso, si tratta di prodotti residui dei processi metabolici del nostro corpo o di risposte fisiologiche alle emozioni cristallizzate al nostro interno, direttamente collegate ai nostri organi emuntori (per esempio, a livello energetico il fegato è connesso alla rabbia, alle ingiustizie o alle frustrazioni); nel secondo caso, si può trattare di metalli pesanti o di altre sostanze legate all'inquinamento ambientale.

La loro esistenza è fisiologica: attraverso le feci, l'urina e la pelle ce ne liberiamo quotidianamente. Il problema sorge quando esse sono presenti in eccesso, oppure quando la loro espulsione è rallentata. In questo caso possono verificarsi sintomi, tra cui:

- eruzioni cutanee
- emicranie
- gonfiore e ritenzione idrica
- stanchezza
- problematiche gastrointestinali
- infiammazioni di diversa natura
- problematiche ormonali
- insonnia o sonno agitato

Gli organi preposti alla depurazione del corpo dalle tossine e alla loro espulsione sono il fegato, i reni, l'intestino e la pelle. Quest'ultima, essendo l'unico organo a noi direttamente visibile, è spesso un segnale evidente della loro invadente presenza: eccesso di sebo, forfora, imperfezioni, opacità, rughe precoci e colorito spento sono tra i sintomi più evidenti del sovraccarico del nostro sistema interno per quanto riguarda il loro drenaggio e l'espulsione, sia fisica che emozionale.

Per riportare il nostro organismo in equilibrio liberandolo dalle tossine, è quindi utile porsi in ascolto del corpo e valutare eventuali sintomi tra quelli indicati, implementando accorgimenti importanti per sostenere il nostro organismo nell'espulsione delle tossine accumulate. A questo scopo sarà utile bere quotidianamente tra i 2 e i 3 litri d'acqua, seguire un'alimentazione varia, ricca di sostanze nutritive e in grado di supportare i nostri organi emuntori (per esempio, consumare alimenti con alto potere diuretico) e favorire il drenaggio e l'espulsione di liquidi e tossine in eccesso, nonché familiarizzare ancora una volta con le nostre emozioni.

Di questo processo detossificante non beneficerà solo il corpo fisico, ma anche la nostra capacità di concentrazione, la nostra energia, la nostra vitalità e il nostro tono dell'umore.

Puoi chiederti (con gentilezza):
- Porto consapevolezza alla mia alimentazione?
- Mi nutro assecondando i bisogni del mio corpo o seguendo abitudini e ritmi esterni?
- Porto consapevolezza a eventuali sintomi legati a questo aspetto della mia vita, osservandoli senza giudizio e prendendomene cura?
- Come percepisco il mio livello di energia? Sento che cambia introducendo alimenti meno raffinati e processati, integrali e ricchi di sostanze benefiche?
- Mangio per compensazione? Se sì, per compensare cosa? Quale frustrazione?

Rapporto complicato con la tua ciclicità e sessualità

La yoni: il tuo tempio della femminilità

Nel mondo odierno la maggior parte di noi ha perso il reale contatto con la propria Yoni, termine sanscrito che indica i genitali femminili, e che qui utilizzeremo per indicare la vagina. Attraverso la yoni, l'energia di Madre Terra fluisce nei nostri corpi, connettendoci a lei e inondandoci di vita: proprio per questa ragione la yoni è sacra e rappresenta il santuario di ogni essere femminile, che di essa dovrebbe prendersi estrema cura.

La yoni collega il mondo esterno alla nostra intimità e al nostro centro spirituale del grembo, radicandoci nella Terra. Il Divino Femminile è presente in lei sotto forma di ciascuno dei quattro archetipi della vita femminile: fanciulla, donna adulta, donna matura e donna anziana.

Tuttavia, al giorno d'oggi molte donne non sono consapevoli di cosa signifhi essere donna o rappresentare il principio femminile, a causa di una lunga e protratta perdita di connessione con la nostra yoni, che non vediamo più come un simbolo positivo di identità ed energia femminile, né come un oggetto di devozione e di preghiere spirituali, di terreno sacro dove vivere la nostra sensualità e sessualità, né come fonte di potere femminile. Alienate dalla nostra yoni, abbiamo perso il contatto con la Madre Divina, con il rapporto autentico e libero con la nostra sessualità; dimoriamo lontane dall'abbondanza, dalla forza, dalla creatività e dall'amore che contraddistinguono la nostra natura femminile.

Problematiche e difficoltà sessuali

Non è infrequente vivere nella propria quotidianità delle problematiche di natura sessuale: per questo è fondamentale non sentirsi sbagliate, e sapere che il primo passo per avviare il proprio processo di guarigione è conoscersi e riconoscere ciò che stiamo affrontando, dandogli un nome.

Possiamo individuare tre categorie di difficoltà sessuali:

1. forme di *sessualità compulsiva*, messe in atto nel tentativo di sconfiggere le proprie insicurezze in merito a sé e alla relazione con l'altro;
2. forme di *allontanamento del desiderio*, sia in forma manifesta (scarsa libido, anorgasmia, vaginismo, impotenza), sia in forma indiretta (infiammazioni, infezioni, contrattura del pavimento pelvico);
3. forme di *perversione dell'oggetto sessuale*, che considerano l'altro esclusivamente in funzione dell'atto sessuale, annullandone la dimensione affettiva ed emotiva, per il proprio esclusivo piacere.

Nonostante le diverse manifestazioni possibili di una difficoltà sessuale, queste problematiche rappresentano spesso il riflesso di paure radicate in modo profondo, spesso sfuggenti alla comprensione ed elaborazione razionale, connesse all'umiliazione, alla vergogna e all'insicurezza di sé e dell'altro. Per questa ragione, un percorso di auto-osservazione, di ascolto gentile di sé e di accoglienza verso le proprie emozioni spesso si riverbera in un miglioramento della propria libido e della propria relazione intima con se stesse e con il partner.

Dall'autenticità interiore alla comunicazione assertiva

L'allontanamento dalla propria natura energetica femminile può causare problematiche fisiche o di natura emozionale, legate soprattutto alla sfera ginecologica e sessuale e alla libera espressione di sé.

Se ci pensi bene, a livello anatomico l'apparato riproduttivo femminile assomiglia all'apparato fonatorio: è infatti possibile rintracciare una corrispondenza tra la bocca e la vagina (entrambe dotate di labbra), tra le corde vocali e le pelvi, tra la laringe e l'utero e il collo dell'utero. Proprio in virtù di questa corrispondenza, il benessere energetico di un apparato influenzerà quello dell'altro (*come sopra, così sotto,* come ci insegna la Medicina Tradizionale Cinese). Inoltre, l'apparato fonatorio e quello genitale femminile derivano dallo stesso foglietto embrionale: una prova concreta delle similitudini fisiche, anatomiche ed energetiche di queste due diverse parti del nostro corpo.

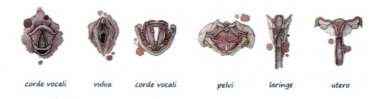

corde vocali *vulva* *corde vocali* *pelvi* *laringe* *utero*

L'apparato riproduttivo e quello fonatorio possiedono una comunicazione interna privilegiata e particolare. Infatti, il ciclo mestruale e il sesso pongono in comunicazione continua l'utero e cervello: il sistema riproduttivo fornisce risposte a ciò che noi percepiamo, o agisce di conseguenza (prova a pensare, per esempio, se ti è mai capitato di sentirti invasa nei tuoi spazi o di non riuscire a lasciarti andare, percependo un nodo alla gola e magari – contestualmente – difficoltà e tensione durante i rapporti sessuali).

Inoltre, a livello fisiologico l'ipotalamo gestisce la concentrazione degli estrogeni e del progesterone, responsabili della produzione di FSH e LH, che influenzano le emozioni, il tono dell'umore, i livelli di energia, la libido e persino la ritenzione idrica. Per questo motivo, se abbiamo un problema di comunicazione intima con noi stesse o verso l'esterno, questo si rifletterà anche fisicamente sulla nostra salute ciclica e del grembo.

Se ti ritrovi in problematiche di questo tipo, il primo intervento che puoi mettere in atto per ritrovare agio in questo aspetto è lavorare sulla tua comunicazione interna, sull'ascolto del tuo grembo, dell'utero e della yoni; risulterà utile eseguire esercizi che ti aiutino ad esternare la tua verità e le tue percezioni attraverso l'uso di una **comunicazione assertiva** che esprima realmente il tuo sentire autentico, i tuoi bisogni e ciò che desideri comunicare all'altro.

Per esempio, sarà utile prestare attenzione al tuo corpo:

- ❖ Quando provi rabbia, noti una contrazione tanto della mandibola, quanto del perineo?
- ❖ Se sei rilassata, presta attenzione al tuo perineo: è in uno stato di contrazione, oppure fluisce anch'esso nel rilassamento?

- ❖ Mentre baci il tuo partner, prova a portare consapevolezza alle tue mucose vaginali: cosa percepisci?
- ❖ Senti il bisogno di controllare tutto, tanto da avere difficoltà ad abbandonarti al piacere?

Lavorare sulla tua espressione corporea, emotiva e razionale e connetterti energeticamente al tuo grembo attraverso meditazioni guidate ti aiuterà a sbloccare gradualmente e con gentilezza la tua comunicazione interna e, di conseguenza, la tua sessualità; svilupperai un'autostima sempre più radicata e riuscirai a migliorare la tua comunicazione assertiva. Grazie allo sblocco di questi livelli, ti sentirai più fluida e autentica sia con te stessa, che nella relazione con l'altro e nell'intimità sessuale.

> Puoi chiederti (con gentilezza):
> - Mi sento libera di esprimere la mia energia sessuale, con o senza partner?
> - Quanto mi do il permesso di aprirmi al piacere senza sensi di colpa?
> - Quanto riesco a comunicare cosa mi piace (e cosa no) all'altro?
> - Percepisco in questo ambito della mia vita una sensazione di rigidità, di mancanza o di eccesso?
> - Cosa sto reprimendo a livello comunicativo e fisico?
> - Quanto mi sento invasa nei miei spazi?

Autovalutazione
Il tuo livello di benessere

Con questo test di autovalutazione sondiamo alcuni aspetti della tua vita per comprendere la tua percezione del tuo stato di benessere e quali sono le difficoltà che riscontri maggiormente.

Segna una risposta per ogni domanda e segui le indicazioni finali.

- ❖ **Quanto spesso provi stanchezza e affaticamento?**
- A) In questo periodo in realtà mi sento molto energica, non è una problematica rilevante.
- B) Capita, ma sono episodi isolati e solitamente riesco a comprenderne la causa.
- C) All'ordine del giorno... E spesso non riesco a capire perché mi accade.

❖ **Come descriveresti il tuo tono dell'umore?**
A) Mi sento tendenzialmente di buon umore, propositiva e fiduciosa.
B) Ogni tanto ho dei momenti no, ma possiedo le risorse per gestirli e torno serena.
C) Mi sento nella ruota del criceto e il mio umore ne risente con sbalzi tremendi...

❖ **Ti capita di provare ansia ultimamente?**
A) No, è un periodo piuttosto sereno!
B) Può capitare, ma mi sento in grado di ascoltare cosa ha da dirmi.
C) Molto frequentemente, ed è invalidante: fatico a proseguire nelle mie attività quotidiane!

❖ **Provi apatia nell'ultimo periodo? Ti capita spesso di non avere voglia di fare nulla?**
A) Percepisco un buon livello di energia, anche se il riposo è ovviamente necessario.
B) Ogni tanto. In quel caso provo a rigenerarmi con attività che mi fanno stare bene.
C) Le mie giornate sono un continuo alternarsi di apatia e momenti emotivamente difficili...

❖ **Percepisci uno stato di sonnolenza durante il giorno?**
A) No, riesco a riposare bene durante la notte e di giorno mi sento attiva.
B) Sì, e quando capita solitamente ho consapevolezza di cosa ha causato questo basso livello di energia.

C) È molto frequente, e ripristinare uno stato attivo ed energico è per me molto difficile.

❖ **Com'è l'umore al tuo risveglio?**
A) Sereno: mi sveglio riposata e curiosa della giornata che sta per iniziare.
B) Dipende da come ho dormito...
C) Di solito mi sento poco riposata e con poca voglia di affrontare la giornata. A volte vorrei che la sera arrivasse subito...

❖ **Ti capita di avvertire sensi di colpa ingiustificati ultimamente?**
A) No, non mi capita.
B) A volte, ma mi interrogo a riguardo.
C) Sì, spesso fatico a comprendere cosa è davvero nel mio controllo e cosa invece non dipende da me.

❖ **Quando capitano eventi piacevoli, provi difficoltà a goderti il piacere e il benessere che ne deriva?**
A) No, mi godo il mio *qui ed ora* senza particolari difficoltà.
B) A volte, se sussistono preoccupazioni, non riesco a provare una sensazione di completo benessere anche in presenza di eventi ed esperienze piacevoli e stimolanti...
C) La mia sensazione generale di malessere inficia anche i momenti piacevoli, e questo mi provoca sofferenza.

❖ **Come descriveresti la tua capacità di concentrazione nelle ultime settimane?**
A) Non diversa dal solito, ne sono soddisfatta.

B) A volte mi distraggo, per i tanti pensieri o per episodi di stanchezza.
C) Fatico a concentrarmi e questo spesso è un problema nello studio o nel lavoro.

❖ **Hai pensieri ricorrenti? Se sì, come li descriveresti?**
A) In questo periodo riesco a godermi abbastanza il momento, senza soffermarmi eccessivamente sul piano mentale.
B) Ne ho alcuni: tendenzialmente rimugino su eventi passati, che sento avrei potuto gestire meglio, oppure mi preoccupo preventivamente di ciò che riserverà il futuro.
C) Sì, molti e davvero invalidanti...

❖ **Ti senti costantemente proiettata nel futuro, magari pensando a scenari che ti provocano ansia?**
A) No. Sto lavorando con impegno e dedizione per costruire il futuro che desidero e ho fiducia che saprò affrontare le difficoltà.
B) Non sempre, ma capita. In quei momenti cerco di tornare al presente, gestendo le sfide quotidiane senza affliggermi troppo!
C) Molto spesso, e questo mi genera una forte sensazione di angoscia e malessere...

❖ **Ti senti pervasa da un senso di negatività generale?**
A) In realtà è un periodo in cui provo fiducia verso me stessa, gli altri e la vita!
B) Ogni tanto provo un senso di sconforto, ma poi mi focalizzo sugli aspetti positivi e pratico la gratitudine per ciò che ho e che sto vivendo!

C) Sì, in generale sento di essere in un periodo difficile della mia vita, in cui è provare positività rappresenta davvero una sfida per me!

❖ **Presenti sintomi fisici invalidanti (nodo alla gola, nausea, emicranie, eccetera) che fatichi a risolvere?**
A) No, salvo episodi davvero sporadici.
B) Sì, può capitare. Porto consapevolezza alle mie percezioni e di solito riesco a capire cosa mi indica ciò che provo.
C) Piuttosto frequentemente...

❖ **Il tuo ciclo mestruale è regolare?**
A) Sì, non riscontro particolari problematiche.
B) Sì, anche se saltuariamente risente dei miei livelli di stress.
C) Capitano o sono capitate irregolarità o amenorrea.

❖ **Com'è la qualità del tuo sonno? Dormi troppo o troppo poco?**
A) Mi sento riposata e produttiva.
B) Non ho ancora raggiunto un equilibrio completo, ma complessivamente la qualità del mio sonno mi soddisfa!
C) Il sonno è leggero e disturbato, spesso turbato da sogni che mi agitano. A volte non riesco a dormire, altre volte dormo molte ore ma non riesco a svegliarmi riposata.

❖ **Ti isoli spesso dagli altri?**
A) Coltivo sani momenti per me e li alterno a esperienze in compagnia.
B) Ultimamente un po' più del solito, perché ho bisogno di introspezione.

C) Sì, perché mi sento in colpa a portare i miei problemi e la mia tristezza nelle relazioni.

Ora che hai compilato il test, rileva quante risposte A, B e C hai dato.

- ❖ Se il numero di risposte A prevale, il tuo profilo è *Quercia*
- ❖ Se il numero di risposte B prevale, il tuo profilo è *Bambù*
- ❖ Se il numero di risposte C prevale, il tuo profilo è *Foglia*
- ❖ Se hai lo stesso numero di risposte per due lettere, leggi entrambi i profili in questione e senti cosa ti risuona.

QUERCIA

Riesci quasi sempre a trovare l'equilibrio, nonostante le difficoltà...

Per te è un momento di crescita e fioritura personale. I percorsi di consapevolezza che hai svolto negli anni passati hanno gettato le basi per un'attitudine tenace e resiliente. Sei consapevole del tuo valore e delle tue risorse.

La crescita personale, però, è un viaggio che non termina mai: per questo sei sempre alla ricerca di spunti che ti permettano di evolvere ulteriormente e di risorse che ti aiutino a superare le difficoltà che ancora incontri, com'è normale che sia.

BAMBÙ

Stai sviluppando resilienza, ma a volte ti sembra che manchino le risorse per affrontare le sfide e gli imprevisti...

Sei in un percorso che inizia a mostrare i suoi frutti, a volte stupendoti dei risultati che hai ottenuto con il tuo impegno e la tua capacità di introspezione. Vuoi migliorare la tua consapevolezza e il tuo approccio olistico al benessere, comprendendo nel profondo alcuni aspetti legati alla gestione dei pensieri, delle emozioni e dell'energia.

Ti piacerebbe inoltre approfondire la tua ciclicità femminile e viverne le potenzialità, per imprimere alla tua vita una direzione ancora più consapevole, fiduciosa e proattiva.

FOGLIA

Ti senti una foglia nella tempesta, in completa balia degli eventi esterni (e interni)

Benessere è una parola che vorresti tanto facesse parte stabilmente della tua quotidianità; tuttavia, senti che in questo momento ancora non ti appartiene, e a volte questo ti provoca un senso di sfiducia e tristezza.

Vorresti sviluppare maggiore consapevolezza e acquisire le risorse necessarie per affrontare i momenti sfidanti della vita, come quello che stai attraversando; tuttavia, a volte non sai a chi rivolgerti e dove cercare per trovare sostegno.

Senti che la via è un approccio olistico e integrato, che non contempli solo il benessere del corpo e della mente, ma si prenda cura anche del tuo equilibrio energetico ed emotivo. Forse, da poco hai scoperto cosa sia la ciclicità femminile e ne sei incuriosita, perché ritieni che questo sapere potrebbe contenere le risposte ai tanti pensieri che ti assillano e si affacciano spesso alla tua mente.

<u>Extra tip:</u> utilizza le domande del test di autovalutazione per monitorare il tuo stato di benessere anche in futuro, ogni volta che lo desideri.

Seconda sezione
Lavoro interiore

Ora che hai avuto modo di scendere in profondità, riconoscendo ed esaminando quali sono le cause del tuo malessere e della tua situazione psicofisica, è il momento di compiere il prossimo passo concreto verso il tuo nuovo equilibrio a 360°, verso la nuova frequenza di benessere alla quale hai diritto di vibrare.

Questo sezione è composta di tre parti:

- *La tua pratica quotidiana,* al cui interno troverai fondamentali esercizi di connessione che potrai praticare ogni giorno, per entrare in contatto con ciò che sei e con le emozioni e i desideri che ti abitano, per calmarti, centrarti e proteggere le tue energie.
- *Riconnettiti al tuo femminile,* una preziosa sezione per esplorare il legame autentico con il tuo grembo e riscoprire il potere che l'energia femminile è in grado di donarti, se deciderai di accogliere la tua natura ciclica e i segreti che cela ogni archetipo legato alle fasi mestruali.
- *Fai tana nel corpo,* dove imparerai a vedere il tuo corpo come prezioso alleato da apprezzare senza giudizio e coinvolgere con gentilezza nel tuo percorso verso l'equilibrio e il benessere.

Sei pronta a cominciare il tuo percorso verso una nuova versione di te, più connessa e radicata, più luminosa ed energica?

Ti accompagno: iniziamo!

La tua pratica quotidiana

Gratitudine

La gratitudine è un prezioso sentimento di piacevole leggerezza e riconoscenza verso qualcuno o qualcosa. Dal momento che aiuta ad essere più consapevoli di tutto ciò che di positivo esiste nella nostra vita e ci aiuta a gioire di essa, sarebbe splendido riservare ogni giorno uno spazio, anche di pochi minuti, per coltivarla con costanza.

Invece di focalizzarci su ciò che non è in nostro potere e che non va come desideriamo, invece di abbandonarci alle basse frequenze delle lamentele e dei giudizi sugli altri, praticando la gratitudine saremo sostenuti nel restare nel momento presente con maggiore propositività, vibrando ad alte energie.

Grazie a un pensiero di gratitudine sarà più facile alleggerirci dei residui di ciò che di negativo si è verificato, riuscendo così a godere dell'essenziale in modo autentico e sincero e predisponendoci al cambiamento di ciò che desideriamo migliorare nella nostra vita.

Per queste ragioni ti consiglio di allenarti a svilupparla ogni giorno, a esprimere gioia per i piccoli grandi risultati quotidiani, per ciò che possiedi e che ti appaga: questa pratica costante avrà un effetto immediato sul tuo benessere psicofisico, allenterà il tuo stress e ti aiuterà ad alleviare eventuali sindromi depressive.

Se non sei abituata a praticarla, inizia allenandoti ogni sera alla gratitudine: basterà portare la tua attenzione ad ogni piccola o grande meraviglia della tua giornata, a ciò che il giorno che tramonta ti ha regalato di bello: un aperitivo con le amiche, una passeggiata in natura, una risata di gusto, un incontro, del tempo di qualità con una persona a cui vuoi bene, un dono, la bellezza del tramonto, il cielo stellato... Anche nelle giornate più uggiose, sono sicura che troverai sempre qualcosa per cui essere grata.

Una volta fatta tua la pratica grazie alla costanza nella scrittura, potrai anche svolgerla mentalmente prima di andare a dormire. Ti consiglio di praticarla soprattutto di sera, in quanto i pensieri piacevoli e rilassanti generati ti doneranno un buon sonno ristoratore (così, potrai evitare di lasciarti prendere dalle ansie per il futuro o dal rimuginio sul passato).

Puoi usare il modello che segue per aiutarti, oppure semplicemente utilizzare un piccolo quaderno sul quale scrivere ogni sera (<u>extra tip</u>: lascialo sul comodino insieme ad una penna, così da aiutarti nella costanza e godere ogni sera dei benefici della pratica).

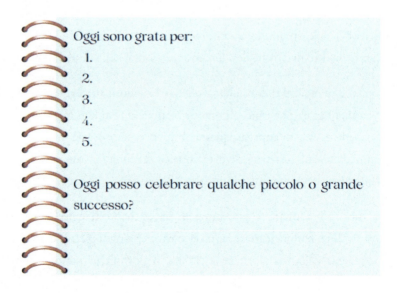

Oggi sono grata per:
1.
2.
3.
4.
5.

Oggi posso celebrare qualche piccolo o grande successo?

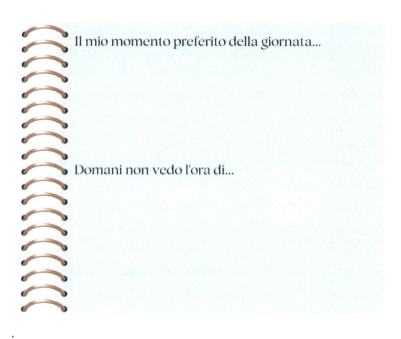

Il mio momento preferito della giornata...

Domani non vedo l'ora di...

La ruota delle emozioni

La ruota delle emozioni è un ottimo strumento per aiutarti a riconoscere e accogliere con gentilezza le tue emozioni. Questo esercizio è ideale sia come **salvagente** nei momenti in cui ti senti sovrastata da una forte emozione (per esempio, se è successo qualcosa che ti ha disturbata, irritata o ti ha resa triste: una litigata in ufficio, un'incomprensione con il o la partner, una sensazione di malinconia, eccetera), sia come strumento per conoscere in profondità le sfumature delle emozioni che proviamo.

Confondere un'emozione con un'altra è infatti molto più frequente di quanto si pensi.

Talvolta, in questo siamo influenzati dalle nostre convinzioni personali e sociali. Infatti, è comune dividere erroneamente le emozioni in *positive* e *negative*. A loro volta, alcune emozioni negative, come la tristezza o la paura, sono ritenute accettabili, mentre altre, come la rabbia, sono avvolte da un forte stigma. Di conseguenza, emozioni meno tollerate come la rabbia vengono spesso represse, con la possibilità che si cristallizzino nel corpo sotto forma di sintomi (gastrite, insonnia, bruxismo, tic, agitazione, eccetera). E non è raro che, per non mostrare l'emozione negativa, si scelga più o meno consciamente di fingere il suo contrario: è il caso, ad esempio, di chi si mostra sempre allegro e gioioso, ma in realtà cova dentro di sé un'intensa tristezza o insoddisfazione, che nasconde al mondo per non mostrarsi "debole" o vulnerabile agli occhi altrui.

Forse ti sorprenderà quello che sto per dirti...

Sai, non esistono emozioni positive, né negative: si tratta solamente di un'etichetta educativa e culturale. Tutte le emozioni, infatti, sono fisiologiche e utili. Tuttavia, se protratte a lungo e stagnanti, possono fare male. Per esempio, la paura ci mantiene in allerta e vigili, e in situazioni di reale pericolo è assolutamente funzionale; ma provarla in modo continuo e con una certa costanza aumenta i nostri livelli di cortisolo fino a trasformarsi in stress cronico, causandoci stanchezza e malessere.

Per questo, per il nostro benessere psicofisico, è importante fare amicizia con le nostre emozioni, accoglierle e capire come canalizzarle in modo strategico e benefico. Si tratta di un passaggio che, sono certa, sei già stata in grado di realizzare, durante la tua vita. Per esempio, ti è mai capitato di trasformare un momento di rabbia o delusione in risolutezza e coraggio, decidendo di agire? Sono convinta di sì! Rientrando in contatto con le tue emozioni e ascoltandole con gentilezza riscoprirai le immense risorse dentro di te.

Utilizzare la ruota delle emozioni ti servirà per ricentrarti, accogliere e decifrare le emozioni che ti abitano. Restando aperta e ricettiva verso il tuo sentire non solo eviterai di somatizzare le tensioni, ma soprattutto sarai in grado di analizzare le situazioni con maggiore lucidità, trovando le risorse migliori per agire in accordo con ciò che desideri, e riuscirai a comunicare autenticamente con te stessa e con gli altri, sviluppando una comunicazione più assertiva.

Esercizio

1. Fermati, socchiudi gli occhi e pensa a una situazione che hai vissuto di recente e che ti ha provocato dei moti interiori intensi e particolari. Chiedi a te stessa e al tuo corpo di ritornare a quell'episodio, come se rivivesse nel momento presente: resta in ascolto delle tue sensazioni corporee, delle emozioni che sorgono e dei pensieri che affiorano alla mente, senza giudicarti.

2. Quando ti sei immersa con tutta te stessa nella situazione alla quale hai pensato, guarda la ruota e inizia a individuare lo spicchio (o gli spicchi) del settore più esterno della ruota che ti risuona di più. Procedi poi muovendoti verso l'interno della ruota, selezionando prima lo spicchio secondario e poi quello più centrale, che corrisponde all'emozione primaria che stai provando mentre rivivi quella situazione.

Per esempio, se ti senti *furiosa*, ti scoprirai *arrabbiata* e individuerai nella *rabbia* l'emozione primaria. Oppure, se ti senti *inadeguata*, scoprirai che in realtà questa emozione cela il tuo sentirti *insicura* e si relaziona all'emozione primaria della *paura*.

Scrivi su un foglio le emozioni che senti abitare dentro di te in questo momento.

3. Tenendo sempre a mente la situazione che hai scelto, ora **osservala come se fossi uno spettatore esterno** e scrivi solo ciò che vedi oggettivamente. Per esempio, se hai rivissuto una litigata con tua madre, guarda semplicemente chi è presente sulla scena, dove si è svolto l'episodio, eccetera.

4. **Descrivi** nel dettaglio cosa stava accadendo e chi era coinvolto.

5. **Partecipa**: cosa senti nel corpo, mentre rivivi la scena? Una sensazione di calore? Senti prudere le mani? Ti viene da piangere? Vorresti gridare? Annota ogni dettaglio.

6. Osserva di nuovo la ruota e **individua l'emozione che vorresti provare** se dovesse verificarsi nuovamente una situazione simile, prendendone nota.

7. **Chiediti** senza giudizio:
a) Quali risorse potresti mettere in atto per affrontare la situazione come desideri?
b) Rispetto a come ti senti dopo aver rievocato il tuo vissuto, come vorresti invece sentirti se si dovesse ripetere una situazione simile?
c) Quali risorse pratiche o interiori hai a tua disposizione al momento per affrontare la situazione come desideri?

d) A chi potresti chiedere aiuto? Hai persone di fiducia che possono sostenerti?

Scrivi ogni risposta, in modo da averle a tua disposizione quando ne avrai nuovamente bisogno.

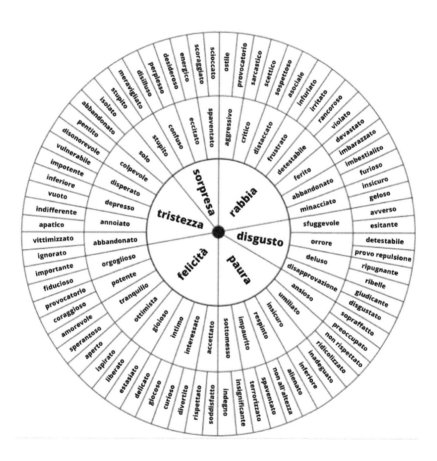

Radicamento

Da riflessologa plantare, lo so bene: il piede racchiude tutto il nostro vissuto, è un'interessantissima mappa del nostro corpo fisico. Svolge inoltre numerose funzioni: sostiene il nostro corpo, dà forma al nostro contatto con il suolo, consente il nostro posizionamento e spostamento nello spazio.

La pratica di radicamento (o *grounding*) parte proprio dai piedi, le nostre simboliche *radici*. Proprio perché il piede rappresenta il collegamento con l'energia vitale che proviene da Madre Terra, attraverso questa pratica possiamo connetterci al cuore della Grande Madre, inspirando la sua energia. Più ci dedichiamo al radicamento, più – dunque – ci nutriremo a livello energetico.

Radicandoci e centrandoci nel nostro corpo, riusciremo a essere pienamente nel qui ed ora, flessibili: in questo modo avremo occasione di vedere le cose per ciò che davvero sono, senza sentirci vittime di percezioni errate, senza percepirci in balia dei comportamenti altrui e senza rischiare di perdere il nostro equilibrio.

Praticare il radicamento, in sintesi, ci rende meno vulnerabili a:

- ❖ pensieri angoscianti e preoccupazioni
- ❖ rimuginii e ruminazioni sul passato (e su ciò che non possiamo cambiare)
- ❖ energie e reazioni altrui

permettendoci di proseguire lungo il nostro cammino in modo autentico e allineate al nostro vero sé più connesso ed elevato.

Inquadrando il QR-Code potrai accedere a una pratica di *grounding* guidata, che favorirà la tua connessione e il radicamento con te stessa.

Mandala

Prendi i tuoi colori preferiti (pennarelli, matite, acquerelli... Libera la tua energia creativa!) e preparati a esprimere la tua creatività più autentica.

Completa il mandala disegnando la chioma dell'albero secondo il tuo sentire: puoi aggiungere il fogliame, fiori, frutti, a tuo piacimento, colorando ogni elemento come più ti senti ispirata. Non ci sono regole, niente è giusto o sbagliato. È la tua esperienza.

Successivamente, leggi la seguente lista di **parole chiave** che esprimono diversi valori. In base al tuo sentire, **scegli quelle che senti risuonare con te e scrivile come desideri accanto alle diverse parti dell'albero.** Ti consiglio di sceglierne al massimo tre, per focalizzarti con maggiore concentrazione su di esse nel tuo cammino di evoluzione. Se ne avrai bisogno, potrai stampare e completare nuovamente il mandala più avanti, scegliendo le tue nuove parole chiave.

FIDUCIA	RESA	INTUIZIONE
RISPETTO	COOPERAZIONE	ACCOGLIENZA
LIBERTÀ	ONESTÀ	CICLICITÀ
NON GIUDIZIO	AUTENTICITÀ	TOLLERANZA
COMPASSIONE	CURA	ISTINTO
ABBONDANZA	FECONDITÀ	LENTEZZA
RADICAMENTO	FLESSIBILITÀ	LEGGEREZZA
POTERE	DIALOGO	CORAGGIO
RESILIENZA	SEMPLICITÀ	RISVEGLIO
GENTILEZZA	GRATITUDINE	SICUREZZA
SOLARITÀ	SILENZIO	CENTRATURA
PERDONO	INTUITO	MORBIDEZZA
SOSTEGNO	SPONTANEITÀ	FERTILITÀ

Se lo desideri, inquadra il QR Code e lasciati ispirare da questa playlist mentre disegni, colori e scrivi.

Osserva il mandala, una volta completato. Che emozioni suscita in te? Come ti senti?

Se vuoi averlo sott'occhio per godere della sua energia, puoi fotografarlo e tenerlo come screensaver.

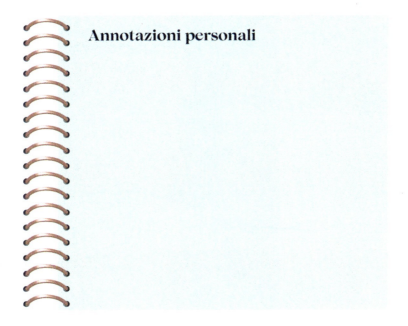

Annotazioni personali

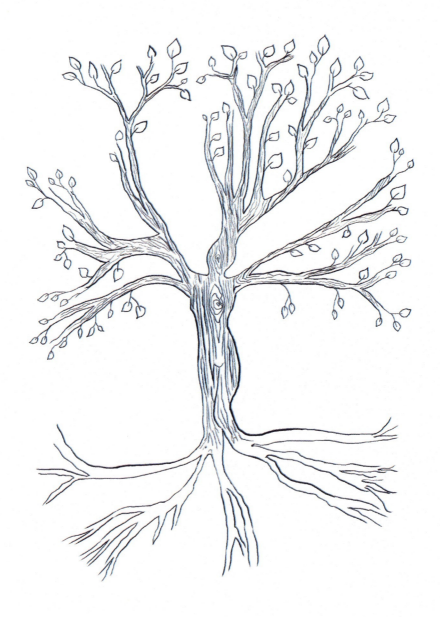

Riconnettiti al tuo femminile

Rinnovamento del grembo (meditazione rituale)

Scansionando il QR-Code avrai accesso alla **meditazione rituale di rinnovamento del grembo**, da praticare durante la tua fase preovulatoria o, se non hai mestruazioni, in fase di luna crescente, quando l'energia del rinnovamento è in movimento dentro di te.

Ti occorrono circa dieci minuti e, se puoi, uno spazio sacro per te. Scansiona il QR-Code per accedere alla pratica.

Accettare la nostra sessualità e sensualità (visualizzazione e pratica guidata)

Questa pratica è ottima soprattutto quando la luce della luna piena vibra nel cielo, durante l'estate o, ancora, quando desideri risvegliare e accogliere la tua sessualità e sensualità in modo gentile e fresco.

OCCORRENTE

- un **fiore** (o un mazzo di fiori) da tenere di fronte a te durante la pratica
- **acqua** da bere al termine della pratica
- **spazio** per te

Perché i fiori? I fiori sono un magnifico riflesso della bellezza e della sensualità femminile. Ci mostrano che la nostra natura sessuale è bella quando è vissuta apertamente, e che esiste per essere vista, nutrita e goduta.

Sia la visione tradizionale che la moderna pubblicità possono limitare e ledere la nostra visione delle energie sessuali femminili.

È tempo di permettere al fiore della nostra sessualità di aprirsi e a noi stesse di accettarlo in tutta la sua bellezza, per godere della sua naturale espressione nelle nostre vite.

Libere dalle paure, dalle limitazioni e dalle aspettative possiamo scoprire la vera sacralità della nostra sessualità, e iniziare a vedere la nostra delicatezza come un dono.

Se il giorno in cui praticherai questa meditazione sarai nella tua fase ovulatoria, l'esperienza potrebbe rivelarsi estremamente potente, perché condividerai le stesse energie della Madre Terra... Come se fossi incredibilmente sintonizzata con lei.

Scansiona il QR-Code e accedi alla meditazione.

Esprimi la tua creatività e libertà (visualizzazione)

Utilizza questa **visualizzazione** (ottima in fase premestruale o di luna calante) per risvegliare l'archetipo dell'**incantatrice**, selvaggia e creativa.

Scansiona il QR-Code e accedi alla tua pratica in uno spazio sacro.

Risveglio e connessione con la tua yoni

La Yoni è un santuario.

È il bellissimo passaggio attraverso cui l'energia della Terra entra in noi, dal quale emerge la vita e attraverso cui noi donne ci connettiamo alla Terra.

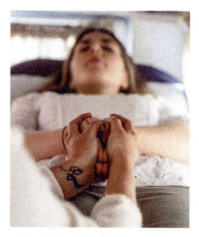

La Yoni collega il mondo esterno alla nostra oscurità interna e al nostro centro spirituale del grembo, radicandoci alla Terra.

È il santuario fisico del Divino Femminile nei suoi aspetti di ragazza giovane, donna adulta, donna matura e donna anziana.

Miranda Gray

Siediti comoda, poni le mani a forma di yoni (come nella foto), appoggiandole delicatamente sul tuo grembo, e accedi alla pratica attraverso il QR-Code.

Fai tana nel corpo

Pratica meditativa di auto-amore

OCCORRENTE

- uno specchio
- un olio essenziale tra i tuoi preferiti
- spazio intimo per te

Quella che ti propongo è una pratica per rimuovere le maschere che quotidianamente indossiamo e che ci costringono all'interno dei nostri ruoli (familiari, lavorativi, eccetera).

Attraverso questa meditazione esperienziale di **auto-amore** potrai ritornare a te stessa recuperando la tua self-confidence con compassione e amore, ritornando a te dopo un periodo in cui forse ti sei mancata, ti sei nascosta a te stessa: è il momento di riabbracciare la tua essenza, le tue cicatrici, la tua aura, il corpo fisico e quello più sottile.

Le carezze, il massaggio, il tocco sviluppano ossitocina, lo stesso ormone del benessere che nel bambino viene stimolato attraverso il contatto pelle a pelle con la mamma.

Come sempre, potrai accedere alla pratica scansionando il QR Code.

La pratica di auto-amore sarà propedeutica per accedere, successivamente, al mandala del giardino interiore.

Il tuo giardino interiore (mandala)

Dopo aver svolto la pratica dell'auto-tocco, con questo mandala potrai imprimere con i colori le tue sensazioni ed emozioni, e disegnare te stessa attraverso il tuo sentire. Attraverso le linee di questo disegno potrai esprimere lo stupore e il senso di cura amorevole verso il tuo giardino interiore, che con gentilezza stai coltivando attraverso le pratiche contenute in questa Guida, rappresentato dalle foglie e dai fiori del mandala. In alto a destra puoi notare un **colibrì**, simbolo a me caro: così come nella realtà esso collabora a risvegliare la natura portando nutrimento, in questo disegno richiama la cura, l'amore e la resilienza con cui puoi sviluppare le tue qualità e le tue risorse.

Probabilmente, in seguito alla pratica percepirai una consapevolezza maggiore, un senso di nutrimento e di risveglio interiore; oppure, potresti avere stimolato la tua immaginazione riguardo alla Te che vorresti diventare. Qualunque essa sia, celebra la tua visione stampando il disegno e completandolo; salvandolo sul tuo cellulare, potrai rivederlo ogni volta che desideri.

Che il tuo disegno rappresenti come ti senti già o come vorresti sentirti, ricordati sempre che tu hai *già* dentro di te queste potenzialità. Hai tutte le risorse che ti occorrono per nutrire la tua anima e risplendere.

Questa sezione è uno scrigno all'interno del quale troverai pratiche e **risorse** da portare sempre con te, per ritrovarle nei momenti in cui avrai bisogno di sostegno lungo il tuo percorso verso il benessere.

Il **kit del benessere** è frutto di anni di studio, pratiche, ricerche e percorsi di crescita attraverso discipline scientifiche e di saggezza millenaria.

Te lo dono con il cuore. Se avrai bisogno di supporto nel suo utilizzo, non esitare a scrivermi: trovi tutti i miei contatti al termine di questa sezione.

Passepartout

Pratiche utili da implementare quotidianamente o al bisogno:

- ❖ **Meditazione guidata sulle Quattro Fasi della Consapevolezza**, di Thich Nhat Hanh. Questa meditazione di circa 10 minuti è utile per calmarsi, radicarsi, alleggerirsi dai pensieri e sentirsi più leggere (scansiona il QR Code a lato).

- ❖ **Radicamento** e **Grounding a piedi nudi** (la trovi nella sezione *La tua pratica quotidiana*).

❖ **Ruota delle emozioni** (al bisogno; la trovi nella sezione *La tua pratica quotidiana*).

❖ **Frasi potenzianti** e **Intenzioni**.

Le **frasi potenzianti** possono sostenerci nell'affrontare le nostre giornate, aiutandoci ad adottare un mindset più propositivo e a sentirci sostenute.

Le **intenzioni** (o il *mandato*) con il quale affrontiamo le nostre giornate o gli eventi, oppure con le quali iniziamo un progetto o un'attività, sono importantissime. Indicano la ragione intima e profonda in base alla quale compiamo un'azione e non sono da confondere con le aspettative: non si tratta di ciò che noi ci aspettiamo dall'azione o dall'evento, ma consistono in *come* intendiamo affrontare quella specifica situazione.

Di seguito ho elencato per te alcune **frasi potenzianti** che puoi scegliere di ripetere quando desideri, per esempio durante la tua pratica di *grounding* o come supporto durante la giornata. Selezionane una o due, ripetile a voce alta per ventuno giorni e fai caso a come ti sentirai successivamente. Noterai come, affermandole giorno dopo giorno, acquisirai gradualmente maggiore sicurezza e fiducia.

❖ Accetto di affrontare la vita, di lasciare andare tutte le cose e le persone che sono per me fonte di infelicità.
❖ Ho fiducia in me e nella vita.
❖ Io valgo nonostante i miei risultati.
❖ Sono libera di esprimere la mia verità e la mia autenticità.
❖ Accetto di avere fiducia e di respirare la vita in modo nuovo, piena di amore e gioia.

- ❖ Accetto di compiere le mie scelte oltre ogni ragionevole paura: mi apro alla vita.
- ❖ Accetto la mia nuova nascita, accetto di affermarmi, di esprimere la mia creatività e di difendere i miei spazi.

Aromaterapia e integrazione

I consigli di integrazione che leggerai qui di seguito fanno parte del mio quotidiano e delle pratiche con i miei clienti. Trattandosi di consigli di integrazione, essi non sostituiscono il parere medico e **non sono prescrizioni mediche.**

Ogni persona è unica: per questa ragione, non potendo esaurire in questa sede le indicazioni possibili per ogni situazione specifica, nel caso in cui tu stessi vivendo un momento particolare e delicato (come la gravidanza, ad esempio) ti consiglio di contattarmi per valutare insieme la tua situazione ed elaborare una soluzione personalizzata e in linea con le tue esigenze attuali.

Trovi i miei contatti al termine di questa sezione.

Aromaterapia;

Gli oli essenziali donano equilibrio e benessere immediato e costituiscono una prevenzione primaria contro malesseri fisici, emotivi ed energetici. Studi scientifici confermano la loro efficacia nella **gestione dello stress e delle problematiche psicosomatiche**, cioè di natura emotiva e non organica o chimica.

Gli oli essenziali non creano dipendenza e lavorano contemporaneamente sulla causa e sul sintomo. Penetrando velocemente nei capillari e nel sistema linfatico, attraverso la circolazione sanguigna circolano in tutto l'organismo, agendo su un sistema specifico (nervoso, respiratorio, digestivo, eccetera, in base all'olio utilizzato).

Gli oli essenziali hanno **effetti fisiologici e psicologici profondi**: infatti, le essenze influiscono sulla memoria a lungo termine e sul sistema limbico, stimolato dalle cellule nervose sottoposte a reazioni chimiche dalle molecole degli oli.

> La prima via di comunicazione con il cervello e la più rapida passa attraverso il naso.

Ecco una selezione di **oli essenziali** per:

- ❖ Mente e sistema nervoso: **gelsomino, arancio dolce, lavanda vera, geranio rosa**. Puoi utilizzarli durante una doccia o ritual bath per un momento defaticante e rilassante (usane qualche goccia *nel bagnoschiuma o nella vasca da bagno*), tramite *diffusione* (qualche goccia) o da miscelare *per massaggio con olio vettore* (indicativamente metà essenza e metà olio vettore in boccetta) sui polsi, sulle tempie, sulla pianta dei piedi, sullo sterno e sul plesso solare.

- Risveglio dell'energia sessuale: **cannella**, **gelsomino**, **ylang ylang**, **rosa damascena**. Puoi utilizzarli tramite *bagno*, *diffusione* e *massaggio sul corpo con olio vettore* (segui le indicazioni del punto precedente).
- Dolori mestruali: **salvia sclarea** *(non adatta per le pazienti oncologiche e in caso di mastosi)*, **rosa damascena**, **lavanda vera**, **camomilla romana**. Puoi utilizzare 10 gocce di ogni olio tramite *bagno* o *diffusione*, oppure, per esempio, puoi mescolare le gocce ad un olio vettore e applicare durante la fase premestruale *massaggiando sui reni e sull'addome*.

IMPORTANTE. Se sei in gravidanza, non utilizzare autonomamente gli oli essenziali, ma contatta prima un esperto.

Integratori o Fitoterapici;

Si tratta di rimedi naturali che vanno a lavorare sul piano fisico, stimolando spesso anche il livello emozionale ed ormonale. Si possono utilizzare ad estratto secco oppure in forma liquida in preparati fitoterapici. In commercio esistono inoltre diversi preparati che combinano princìpi diversi, affinché lavorino in sinergia.

- Ansia e preoccupazione: **biancospino**, **iperico** (da evitare in caso di assunzione di psicofarmaci), **melissa**, **passiflora**, **olio di CBD** (legale e non psicotropo).
- Adattogeni/Tonici dell'umore & Stress: (da non assumere mai più di due mesi!): **rodiola rosea**, **withania**, **griffonia**, **eleuterococco**.

- ❖ Depurativi & Immunostimolanti: a base di **carciofo**, **bardana**, **curcuma**, **uncaria tomentosa**.

- ❖ Benessere ormonale, apparato riproduttivo e problematiche legate al grembo (come endometriosi, amenorrea, dismenorrea): **lampone**, **agnocasto**, **mirtillo rosso**.

Fiori di Bach e Rimedi Floreali italiani (rimedi vibrazionali energetici):

> Con la Floriterapia parliamo di funzione "guaritrice" nel senso più completo del termine, perché sensazioni, emozioni e sentimenti, così come i pensieri possono ricevere da queste energie nuovi impulsi per avere nuove visioni di vita. "Guariamo" il nostro corpo solo se riusciamo a riconquistare la nostra anima, solo se il nostro sentire diviene l'espressione di ciò che realmente siamo.
>
> *Giovanna Tolio*

La Floriterapia è una disciplina estremamente utile per agevolare il riequilibrio della persona a livello vibrazionale. Può sostenerci nella comprensione di ciò di cui abbiamo bisogno e nel lasciare andare ciò che è bene non trattenere più.

I **Fiori di Bach** (37 fiori e un'acqua di roccia) sono stati scoperti e creati da **Edward Bach** nel 1930. Si tratta di 38 rimedi "guaritori" per riequilibrare i sette stati d'animo da lui individuati come negativi: la paura, l'incertezza, la mancanza di interesse, la solitudine, l'ipersensibilità, la disperazione e la cura eccessiva per gli altri.

I **Rimedi Floreali Italiani** sono invece stati scoperti da Giovanna Tolio (allieva spirituale del dottor Bach), che ha ricercato e individuato le proprietà di diciotto fiori appartenenti a piante della flora italiana. Ugualmente, altri ricercatori nel mondo proseguono le loro ricerche per trovare i rimedi più in armonia con gli abitanti del loro paese.

In base allo stato psicofisico ed emozionale, a ciascuno possono essere consigliate miscele personalizzate differenti. Quelli indicati qui sotto sono singoli composti che possono essere assunti in situazioni momentanee dove vi è bisogno di sostegno, ma è utile ricordare che per un miglior beneficio l'opzione migliore è valutare il tuo specifico caso, unico come te.

Le seguenti miscele non provocano effetti a lungo termine, ma vanno utilizzate solamente in caso di emergenza o in situazioni di discomfort.

- ❖ Rescue Remedy (Fiori di Bach): rimedio di emergenza che agisce come consolatore dell'anima e sostiene in caso di attacchi di panico, ansia, emergenza fisica, emotiva e mentale.

- ❖ Florio (Rimedi Floreali Italiani): è consigliato nelle situazioni di emergenza, come sostegno nei momenti di difficoltà. In presenza di traumi psichici e fisici riporta forza, favorisce la ripresa e dona vigore.

ATTENZIONE

Questi suggerimenti naturali non sono da intendersi come prescrizioni, né come indicazioni, ma derivano dalla mia esperienza personale come naturopata e come donna. I rimedi naturali possono rappresentare un valido aiuto e sostegno in affiancamento alla medicina tradizionale, sempre sotto la supervisione di professionisti: *naturale* non è sinonimo di "privo di controindicazioni", soprattutto se si assumono farmaci.

Se desideri approfondire il tuo caso specifico o presenti problematiche specifiche come ansia, apatia, stanchezza cronica, insonnia, problematiche intestinali, dermatologiche o legate al grembo, ti invito a dedicarti un momento di attenzione e cura del tuo benessere attraverso una consulenza personalizzata con me, nel mio studio a Cesena o online.

Per prenotare il tuo appuntamento, trovi i miei contatti nella sezione *Mi trovi qui* al termine del libro.

Consigli e indicazioni

Letture consigliate

- Miranda Gray, **Luna Rossa in ufficio**, Edizioni Macro, 2019
- Clarissa Pinkola Estés, **Donne che corrono coi lupi**, Sperling & Kupfer, 2016
- Hernán Huarache Mamani, **La profezia della curandera**, Piemme, 2013
- Daniel Goleman, **Intelligenza emotiva. Che cos'è e perché può renderci felici**, Rizzoli, 2011

Musiche di supporto

- Potrai utilizzarle quando lo desideri o ne senti il bisogno durante il tuo splendido viaggio evolutivo, scansionando il QR Code.

Restiamo in contatto

❖ Entra nel **gruppo Telegram gratuito** *Your Space of Mindful Freedom*, una community privata di anime che desiderano vivere una vita più libera e consapevole. All'interno troverai tips, approfondimenti, consigli, promo, pratiche e novità in anteprima.

Scansiona il QR-Code, ti aspetto!

❖ Iscriviti alla mia **newsletter** se desideri rimanere in contatto con me e conoscere tutte le novità del mio mondo in anteprima.

Scansiona il QR-Code per iscriverti!

Mi trovi qui

Se desideri indicazioni personalizzate circa i temi che abbiamo affrontato in questo workbook, se vuoi pormi una domanda o ricevere informazioni per intraprendere un percorso di benessere insieme, puoi contattarmi qui:

Sito web: www.lindaverdeacqua.com

Mail: info@lindaverdeacqua.com

Canale Instagram: @lindaverdeacqua

WhatsApp: 389 012 4518

Indice

Prefazione	5
Con estrema gratitudine, sei qui	7
Chi sono	13
Prima Sezione: Il tuo punto di partenza	17
Riequilibra le tue energie in modo armonioso	18
La tua ciclicità femminile: il tuo potere	20
Fase pre-ovulatoria	23
Fase ovulatoria	25
Fase premestruale	27
Fase mestruale	29
Il tuo corpo ti parla, se solo lo ascolti	32
Connessione alla tua essenza autentica	33
Stress e angoscia	39
Cenni di consapevolezza alimentare	43
Breve viaggio negli zuccheri	44
Tossine: facciamo chiarezza	45
Rapporto complicato con la tua ciclicità e sessualità	48
La yoni: il tuo tempio della femminilità	48
Problematiche e difficoltà sessuali	49
Dall'autenticità interiore alla comunicazione assertiva	50
<u>Autovalutazione</u> Il tuo livello di benessere	53
Seconda Sezione: Lavoro interiore	61
La tua pratica quotidiana	63
Gratitudine	63

La ruota delle emozioni	65
Radicamento	70
Mandala	71
Riconnettiti al tuo femminile	75
Rinnovamento del grembo (meditazione rituale)	75
Accettare la nostra sessualità e sensualità (visualizzazione e pratica guidata)	75
Esprimi la tua creatività e libertà (visualizzazione)	77
Risveglio e connessione con la tua yoni	78
Fai tana nel corpo	79
Pratica di auto-amore	79
Il tuo giardino interiore (mandala)	80

Terza Sezione: Kit del Benessere — 83

Passepartout	84
Aromaterapia e integrazione	86
Attenzione	91
Consigli e indicazioni	92
Restiamo in contatto	93
Mi trovi qui	94

Printed by Amazon Italia Logistica S.r.l.
Torrazza Piemonte (TO), Italy

50593161R00057